Combien d'espace ?

Thoreau, Le Corbusier et la Cabane écologique

Urs Peter Flückiger

Combien d'espace ?

Thoreau, Le Corbusier et la Cabane écologique

Birkhäuser
Basel

A Carol et Lucas, encore une fois ;
en mémoire de mes parents Anni et Ruedi
ainsi que de mon frère Stephan ;
à mes étudiants.

Vue panoramique à 180°, crique de Thoreau, étang de Walden, Massachusetts
Vue panoramique à 360°, le Cabanon, Roquebrune-Cap-Martin, France
Vue panoramique à 180°, la cabane écologique, Crowell, Texas

SOMMAIRE

« Simplicité, simplicité, simplicité ! » *

* Thoreau, Henry David.
Walden ou la vie dans les bois, « Économie », p. 91.
New Jersey : Princeton University Press, 2004.
Introduction de John Updike.
Edité par J. Lyndon Shanley.

INTRODUCTION

Depuis plusieurs générations, les humains sont fascinés par l'espace minimal idéal. Henry David Thoreau s'était construit une maison sur la rive nord de l'étang de Walden, près de Concord, Massachusetts, pour la modique somme de vingt-huit dollars et douze cents et demi. Il y vécut une vie spartiate pendant deux ans, deux mois et deux jours (1845-1847). Au cours de cette période, Thoreau écrivit la base de *Walden ou la vie dans les bois*, un livre décrivant un mode de vie simple dans un environnement naturel, au fil des saisons.

En 1952, Le Corbusier offrit comme cadeau d'anniversaire à son épouse Yvonne le plan d'une petite cabane en bois : « *le Cabanon* ». Cette petite demeure de vacances se situe à Roquebrune-Cap-Martin, dans le sud de la France, sur la Côte d'Azur, à la frontière avec l'Italie, dans la région dont Yvonne était originaire et qu'elle adorait. Le Corbusier lui-même commença à venir régulièrement à Roquebrune-Cap-Martin dès le début des années 1930, tout d'abord en visite, puis pour des vacances, invité par Jean Badovici dans la villa *E.1027* qu'Eileen Gray et Jean Badovici avait conçue. Après la guerre, il revint et fut hébergé au restaurant *l'Étoile de mer* de Thomas Rebutato. Le Corbusier, sa femme et Rebutato devinrent amis et, en 1952, Le Corbusier put acheter son propre lopin de terre, attenant au restaurant, pour *le Cabanon*.

Les étudiants de l'école d'architecture de la Texas Tech University et leur professeur Urs Peter Flückiger se sont inspirés de la petite maison de Thoreau à Walden et du *Cabanon* de Le Corbusier pour la conception et la construction d'une cabane contemporaine écologique et économique, dans l'esprit de Thoreau et Le Corbusier.

Ce livre explore trois solutions d’habitat minimal et leurs démarches conceptuelles : la maison de Thoreau à l’étang de Walden, Massachusetts ; *le Cabanon* de Le Corbusier à Roquebrune-Cap-Martin, France ; et la cabane écologique de Texas Tech, dans les hautes plaines du Texas. Les plans et les photographies du livre dévoilent des ressemblances surprenantes entre les trois projets. L’essai qui les accompagne, « Combien d'espace ? » apporte une contribution essentielle et opportune au discours sur l’augmentation perpétuelle de la taille des habitations.

Urs Peter Flückiger,
Janvier 2016
Lubbock, Texas

Façade sud-est, maison de Thoreau

COMBIEN D'ESPACE ?

Dans la nouvelle de Léon Tolstoï, parue en 1886 et intitulée « *Combien de terre faut-il à un homme ?* », le protagoniste Pacôme croit que l'acquisition de nouvelles terres et de nouvelles richesses le rendra chaque fois plus heureux. En réalité, chaque fois que Pacôme acquiert des terres et des richesses supplémentaires, il en veut davantage. Le peuple des Bachkirs lui propose ce défi suprême : pour mille roubles seulement, lui sera donnée toute la terre dont il pourra faire le tour en marchant pendant toute une journée, du lever du soleil au coucher du soleil. Pacôme devra respecter une seule règle : être de retour à son point de départ avant le coucher du soleil.

Pacôme est ravi à l'idée de pouvoir s'emparer de tant de terre pour si peu d'argent. Cependant, il ne parvient pas à gérer son temps. A la fin de la journée, il court vers le soleil qui décline rapidement. Il arrive juste à temps à son point de départ ... mais s'effondre, mort d'épuisement.

Son domestique l'enterre dans une tombe ordinaire, répondant ainsi à la question : « Combien de terre faut-il à un homme ? » La taille d'une tombe ordinaire.

Je me souviens quand mon père m'a fait découvrir ce conte de Tolstoï il y a environ quarante ans, lorsque j'étais enfant. Dans mon imagination, je me représentais un vaste terrain plat dans une lointaine Russie. Pas très différent du paysage dans lequel j'habite aujourd'hui, dans les hautes plaines du Texas. Pour moi qui grandissais dans la campagne suisse, posséder un terrain comme celui que convoitait Pacôme, le personnage de Tolstoï, c'était bien sûr inimaginable. Tous les agriculteurs que je connaissais dans mon village pouvaient facilement parcourir les limites de leurs terres en une journée et beaucoup d'entre eux probablement en moins d'une heure. Je me souviens que je me demandais pourquoi Pacôme n'avait pas réduit juste un peu son parcours. Je m'imaginais moi-même marchant, peut-être même courant un peu, pour faire le tour d'un lopin de terre, qui deviendrait mien – et à quel point ce serait formidable. Je me demandais pourquoi Pacôme n'avait pas mieux géré son temps et son énergie ... Mon imagination d'enfant me faisait ressentir cette situation comme réelle et j'étais désolé pour Pacôme. Il était si proche de posséder un vrai trésor !

Les Américains semblent vouloir des maisons toujours plus grandes. Il est difficile d'imaginer aujourd'hui qu'en 1950, la famille américaine moyenne vivait dans une maison d'un peu moins de 93 m^2. En 2007, la maison moyenne était d'un peu plus de 234[1] m^2, soit plus de deux fois la taille qu'elle avait cinquante-sept ans plus tôt. Durant la récente crise, qu'on appelle maintenant la Grande Récession, la taille moyenne de la maison américaine a diminué de quelques centaines de mètres carrés. En 2013, la taille en mètres carrés a de nouveau connu une hausse pour atteindre une moyenne de 242[2] m^2. Au fur et à mesure que la taille de nos maisons individuelles a augmenté, le nombre de personnes vivant dans un foyer a diminué. Les attentes en termes d'espace et de confort se sont accrues. Une chambre à coucher plus grande, avec une salle de bain. Chaque enfant a sa propre chambre, au lieu d'en partager une avec ses frères et sœurs pendant toute l'enfance. Une pièce de réception, un bureau pour chaque conjoint, voire une salle de gym ou de jeux video.

En 1974, une télévision couleur Sony 19" KV-1920 coûtait 540 $. En tenant compte de l'inflation, cela équivaudrait à 2 835 $ actuels. Très peu d'entre nous, aujourd'hui, seraient susceptibles d'acheter un téléviseur de 19" à ce prix. Nous pouvons acheter une télévision à écran plat faisant plus du double de la taille pour moins de 540 $ en valeur actuelle. De nos jours, un écran d'ordinateur ou un ordinateur avec écran intégré est équipé d'un écran aussi grand, voire plus grand que la télévision Sony KV de 1974. Non seulement la surface de nos maisons n'a cessé d'augmenter, mais nous possédons également toujours plus d'objets : vêtements, chaussures, équipements de loisirs, de sports et autres activités ludiques, qui, quand on ne les utilise pas, doivent être rangés et empilés quelque part.

Depuis les années 1960, quand on se promène dans un quartier des classes moyennes de banlieue, on aperçoit souvent une ou deux voitures garées dans l'allée. Celle-ci mène en général à un garage double, fermé la plupart du temps. La plupart du temps, ce garage ne sert pas pour les voitures. On l'utilise pour stocker les objets dont on n'a plus besoin, mais dont on n'arrive pas à se séparer définitivement. On met ces objets dans le garage en se disant que « ça pourra servir un jour... » : jouets pour enfants, vieux meubles, équipements saisonniers comme les outils de jardin, et certaines décorations ; cartons de vêtements de saison ou de vieux vêtements, électronique et appareils ménagers dépassés ; équipements de sport, outils et gadgets de toutes sortes dont nous avons cru, un jour, ne pas pouvoir nous passer. Au fil du temps, par négligence ou délibérément, nous transformons nos garages en garde-meubles ... véritables limbes modernes. Quand le garage commence à déborder, on fait un vide-grenier pour vendre à bas prix les objets dont nous avons finalement décidé de nous débarrasser après un laps de temps approprié. Ensuite, nous pouvons recommencer le cycle.

A l'ère de l'information que nous connaissons aujourd'hui, un flux incessant et régulier de données numériques nous atteint, tous les jours de la semaine et à tout moment de la journée. Peu importe où nous nous trouvons. Nous devons gérer nos courriels, nos messages instantanés, nos tweets et suivre nos réseaux sociaux. La plupart de nos transactions sont numériques. Par exemple, nous payons beaucoup de nos factures en ligne et nous achetons des biens de consommation en ligne. Avant toute commande ou tout achat en ligne, le commerçant nous demande systématiquement notre adresse e-mail et en retour, nous recevons des courriels non sollicités vantant les dernières promotions du commerçant. Les concepteurs de logiciels de courrier électronique ont créé le dossier des courriels indésirables, où les spams et autres messages importuns sont censés être détournés – une tentative pour filtrer la surcharge informationnelle engendrée par le flux régulier de courriels. Un collègue de travail peut vous demander incidemment, *« As-tu reçu mon e-mail ? »*. Bien sûr que je l'ai reçu, mais je n'ai pas eu le temps d'y répondre, ou j'ai donné la priorité à un courriel plus urgent. Ou j'ai tout simplement oublié.

Ce flux incessant de données numériques nous contraint à travailler et à définir des priorités à chaque instant. Les courriels, les messageries instantanées et internet n'ont pas seulement changé notre manière de travailler et de communiquer, ils ont également changé le lieu où nous le faisons. Le travail a envahi nos maisons, nos soirées et nos tout débuts de matinée, nos week-ends et nos vacances dans les endroits les plus reculés de la planète. Combien de fois n'avons-nous dit à nos conjoints, *« ... Attends une minute, il faut que je finisse ce courriel ou que je réponde à ce SMS... »* Avant, le bureau était le lieu où l'on travaillait et la maison celui où se déroulait la vie domestique. De nos jours, le travail numérique peut se faire presque n'importe quand, n'importe où. Beaucoup d'entre nous utilisent leur smartphone comme réveil. Cet appareil est donc souvent la dernière chose que nous voyons avant d'aller au lit et la première que nous touchons le matin. Le risque de surcharge informationnelle est évident. Le désir d'une vie plus simple est presque naturel. La cabane, la maison de campagne, ne représente pas seulement un lieu physique d'évasion, elle représente un idéal, une métaphore nous permettant d'imaginer que les choses sont claires et faciles à gérer et que nous ne sommes pas noyés sous un flot de données numériques.

La mode récente des beaux livres sur les maisons de campagne et les cabanes montre que nous aspirons à des vies plus simples. Si nous ne pouvons pas posséder notre propre cabane, regardons au moins des maisons de vacances dans des milieux naturels de rêve, splendides, pour nous imaginer ce que nous ressentirions si nous avions une. Un endroit pour nous détendre et nous poser, réfléchir sur la vie et sur nous-mêmes. Dans une cabane, une seule pièce peut suffire – une cheminée ou un poêle diffusant sa chaleur à l'espace et à l'âme. Le simple fait d'avoir du temps pour soi, pour son conjoint, ses amis et sa famille est important. Une seule pièce s'avère simple et facile à gérer – pas de garage double. Une cabane représente souvent un espace imaginaire, un endroit où les choses redeviennent claires et faciles à vivre car le quotidien n'est plus dominé par la surcharge informationnelle. Nous pouvons tous nous poser la question : « Quelle quantité d'informations peut traiter un cerveau humain ? »

Henry David Thoreau – écrivain américain, poète et naturaliste – a vécu pendant la révolution industrielle, époque où les innovations mécaniques modifièrent les procédés de fabrication et la vie des gens, un petit peu comme dans l'ère de l'information que nous connaissons aujourd'hui. Thoreau lui-même fut directement touché par la révolution industrielle pendant les périodes où il travailla dans l'usine familiale de crayons, contribuant à la révolution mécanique en perfectionnant le processus de fabrication en série de crayons. Thoreau, souvent cité comme l'un des premiers écologistes, était aussi un homme bien de son temps, influencé par la révolution industrielle. Voici comment le romancier John Updike commence son introduction à l'édition du 150ème anniversaire du livre *Walden* de Thoreau : *« Un siècle et demi après sa publication initiale, Walden est devenu un tel totem du retour à la nature, de l'esprit écologiste et anticapitaliste, de la désobéissance civile et Thoreau un manifestant si vivant, un saint ermite si original et si parfait, que le livre lui-même risque d'être aussi vénéré et aussi peu lu que la Bible.* »[3]

Le Corbusier, qui est peut-être l'architecte le plus novateur du 20ème siècle, s'est intéressé au minimalisme le plus clair de sa carrière, il conçut et construisit son « *espace minimum* » sur la Côte d'Azur, en France, où il venait pour se reposer de son quotidien parisien.

Les habitations minimalistes de Thoreau et de Le Corbusier peuvent tenir toutes les deux dans le double garage d'un foyer américain moyen d'aujourd'hui. La maison de Thoreau, près de l'étang de Walden, mesurait 3 × 4,6 m, soit 14 m^2 ; et la pièce du *Cabanon* de Le Corbusier mesure 3,66 × 3,66 m, soit 13 m^2. La surface d'un garage double étant d'environ 121 m^2, il y aurait de la place à revendre. Un garage double actuel est plus spacieux que les logements de Le Corbusier et de Thoreau réunis. La prochaine fois que vous verrez un double garage rempli d'objets, dites-vous donc : « Cela pourrait faire une maison de vacances. »

Il faut reconnaître que Thoreau et Le Corbusier vécurent dans leur domicile respectif pendant une durée limitée. Thoreau commença le 4 juillet 1845 son séjour de deux ans, deux mois et deux jours dans la maison qu'il avait construite de ses mains près de l'étang de Walden. Le Corbusier passa ses vacances d'été, qui duraient généralement un mois, au *Cabanon* de 1952 à 1965. Aucun des deux ne vivait vraiment dans la solitude. Le Corbusier prenait ses repas dans le restaurant voisin ou se les faisait servir dans sa cabane quand il voulait rester seul. Thoreau vivait en autosubsistance des fèves qu'il avait plantées et de ce que la forêt et l'étang lui offraient. Ni l'un ni l'autre ne vivaient en ermite. Thoreau s'aventurait en général une fois par semaine au village voisin de Concord pour voir des amis ou faire laver son linge.

Le Corbusier et sa femme aimaient la compagnie des restaurateurs, les Rebutato, et de la famille et des amis qui leur rendaient visite. Le Corbusier et Thoreau travaillaient tous deux dans leur sanctuaire respectif. Le livre *Walden ou la vie dans les bois*, que Thoreau publia en 1854, aurait été pratiquement impensable sans ses années à Walden Pond. Le Corbusier faisait des dessins d' *« Objets à réaction poétique »*[4] à l'aide de débris et d'épaves que la Méditerranée rejetait sur le rivage et qu'il collectait pour nourrir son inspiration, tout en travaillant sur ses projets architecturaux. Les deux hommes se baignaient dans l'étang pour l'un, dans la mer pour l'autre, proches de chez eux. Tous deux eurent, toute leur vie durant, le souci de mener une vie minimaliste, Thoreau de manière plus philosophique et écologique, Le Corbusier d'une manière plus scientifique et spatiale, en appliquant et en testant le Modulor, son système de mesure, sur son cabanon. Leur bâtiment respectif, la maison de l'étang de Walden et le Cabanon, bien que construits à des périodes très différentes, reflètent leurs priorités.

Le minimalisme architectural d'aujourd'hui n'est pas nécessairement synonyme de petitesse ou de simplicité, c'est plutôt son aspect qui est minimaliste. Et cette apparence minimaliste cache souvent une technologie complexe. Le minimalisme moderne est un masque. L'architecture minimaliste contemporaine n'est minimale qu'en apparence, tandis que les exemples de Thoreau et de Le Corbusier sont minimalistes en apparence et dans leur substance.

Dans le chapitre « Economie » de *Walden*, Thoreau écrit : *« ...c'est tout de même que construire son propre cercueil, – l'architecture de la tombe. »*[5]

Métaphoriquement, nous avons bouclé notre boucle imaginaire, en revenant à la nouvelle de Tolstoï *« Combien de terre faut-il à un homme ? »* et à son personnage, Pacôme qui, en fin de compte, n'aura peut-être même pas eu de cercueil, l'architecture de la tombe, comme le suggère Thoreau. En définitive, nous sommes tous en quête d'une maison à taille idéale. Quelle surface habitable nous faut-il ? Nous sommes tous différents et avons des réponses diverses à cette question. La réponse varie aussi en fonction du stade de notre vie, des fluctuations de nos revenus. A la fin de la journée, quand je vais me coucher en espérant dormir d'un sommeil réparateur, je n'ai pas besoin de beaucoup d'espace. Même si je convoitais un lit de 3,66 × 3,66 m, il ne me serait pas d'une grande utilité une fois endormi. Le confort du lit lui-même, c'est ce qui est le plus important pendant les heures de récupération. Ecologiquement parlant, les petites maisons sont plus respectueuses de l'environnement que les plus grandes, quelle que soit la qualité environnementale de leur construction. Le réchauffement climatique, qu'il soit ou non provoqué par l'homme, nous affectera tous. De plus grandes maisons nécessitent davantage de ressources que les petites maisons. En réfléchissant consciemment à la surface qu'il nous faut, et en adaptant notre vie en conséquence, chacun de nous peut contribuer activement au monde dans lequel nous vivons. Comme l'écrit si justement Thoreau : *« A quoi sert une maison si l'on n'a pas une planète acceptable pour l'y installer »*.[6]

1 Recensement https://www.census.gov/const/C25Ann/sftotalmedavgsqft.pdf

2 Recensement https://www.census.gov/construction/chars/pdf/medavgsqft.pdf

3 Thoreau, Henry David. *Walden ou La vie dans les bois*. New Jersey : Princeton University Press, 2004. Introduction de John Updike, p.IX Edité par J. Lyndon Shanley.

4 Maak, Niklas. *Le Corbusier : L'architecte sur la plage*, p. 80. Munich : Hirmer Verlag Munich, 2011.

5 Thoreau, Henry David. *Walden ou La vie dans les bois*, « Economie », p. 48. New Jersey : Princeton University Press, 2004. Introduction de John Updike. Edité par J. Lyndon Shanley.

6 Thoreau, Henry David. *Les lettres familières de Henry David Thoreau*, p. 416. Edité par F. B. Sanborn. Boston et New York : Houghton Mifflin Company ; Cambridge : The Riverside Press, 1894.

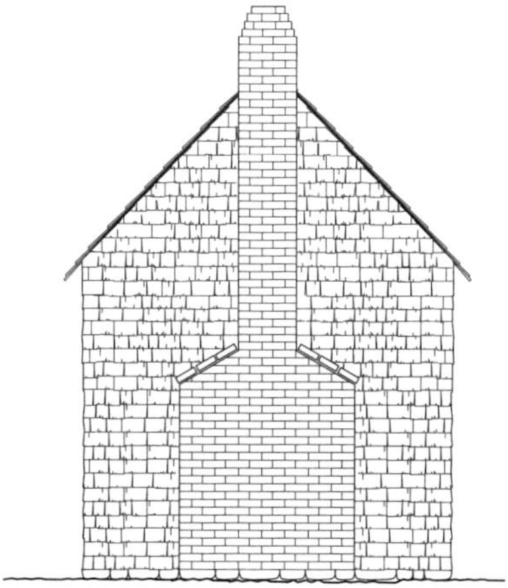

Façade nord-ouest, maison de Thoreau

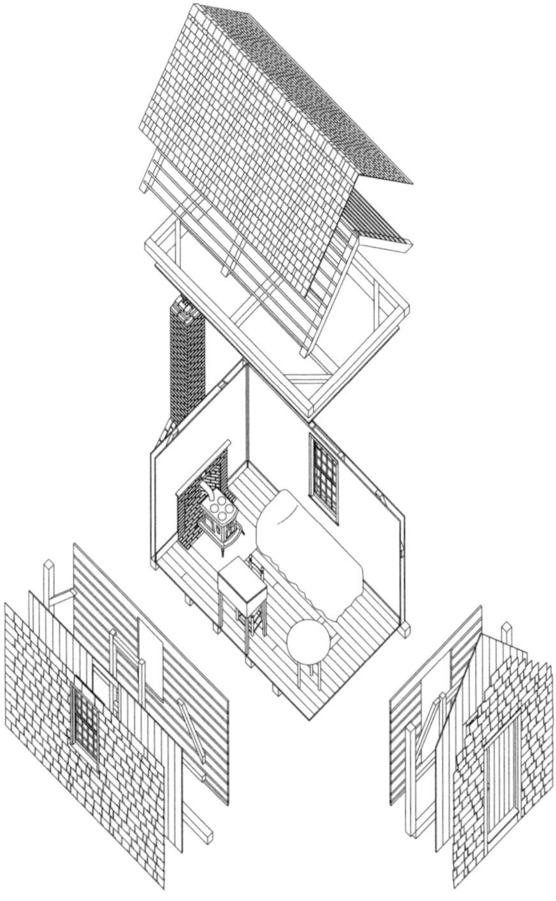

Dessin en vue éclatée, maison de Thoreau

LA MAISON AU BORD DE L'ETANG DE WALDEN 1845-1847

Henry David Thoreau 1817-1862

Depuis l'aéroport international Logan de Boston, il y a 37 km jusqu'à Concord, dans le Massachusetts, et 35,4 km jusqu'à l'étang de Walden. Quand on suit la rue Walden depuis le centre de Concord, on est à moins de 3 km de l'emplacement original de la maison d'Henry David Thoreau, au bord de l'étang de Walden. Thoreau allait de l'étang de Walden à Concord à pied, souvent en suivant la ligne de chemin de fer Fitchburg-Concord qui passe à proximité et qui a été construite à l'époque de Thoreau. De nos jours, la plupart des visiteurs arrivent en voiture par la Route 2 et tournent vers le sud, empruntant la Route 126 ou la rue Walden en direction de la ville voisine de Lincoln, dans le Massachusetts.

La maison originale de Thoreau n'est plus. Il en existe cependant une réplique, construite dans les années 1980, située près de la route d'accès, entre les parkings de la réserve nationale de l'étang de Walden, propriété du réseau des parcs et forêts du Massachusetts. Aujourd'hui l'emplacement et le périmètre de la maison originale de Thoreau sont marqués par des pierres de granit, installées par l'archéologue et historien autodidacte Roland Wells Robbins, ce qu'il a consigné dans son livre, « Découverte à Walden ».[1] Robbins s'est intéressé au sujet après avoir assisté à la célébration du centenaire du déménagement de Thoreau sur les rives de l'étang de Walden, le 4 juillet 1945. Plusieurs personnes invitées à cette cérémonie s'interrogeaient sur l'emplacement précis de la maison et, comme aucune réponse ne pouvait être donnée, Robbins décida de le rechercher. Avant les découvertes de Robbins, il y avait un cairn sur le site, construit par plusieurs générations de visiteurs, en hommage à Thoreau et à Walden et marquant l'endroit approximatif où la maison de Thoreau pouvait se dresser. Mais la position précise, l'entrée et l'orientation de la maison était laissées à l'imagination du visiteur.

Pour se rendre sur l'emplacement original de la maison de Thoreau, on part du centre d'accueil des visiteurs et on traverse la Route 126 jusqu'à la plage principale de l'étang de Walden, un étang glaciaire de 31 mètres de profondeur formé par un kettle. Plusieurs sentiers de randonnée mènent au site mais celui qui longe les rives de l'étang est particulièrement pittoresque. Selon le rythme de marche, il faut de quinze à vingt minutes pour atteindre l'emplacement original de la maison de Thoreau en suivant un sentier de randonnée facile.

En plus d'être écrivain, poète, philosophe et naturaliste, Thoreau était un géomètre accompli, avec d'excellentes compétences en dessin. Lorsqu'il vivait là, il fit le premier relevé topographique de l'étang de Walden. Aujourd'hui, deux versions datées de ses relevés topographiques sont visibles dans les collections de la bibliothèque publique de Concord. Sur les deux versions, Thoreau indique l'emplacement de la maison. Sur l'une, elle est indiquée par un point. L'autre version présente un rectangle, ce qui donne l'orientation de la construction. Dans le chapitre « L'étang en hiver » de *Walden*, Thoreau écrit : *« J'ai effectué un relevé soigneux avant que la glace ne se brise, début 1846, avec une boussole, une chaîne et une ligne de sondage. »*[2] Il poursuit en indiquant la profondeur de l'étang, car la légende de l'époque voulait que l'étang de Walden n'ait pas de fond.

Dans le plan topographique en 16 × 21 cm de 1846, il a dessiné le rectangle au nord de l'étang de Walden, à l'endroit que l'on appelle maintenant la crique de Thoreau, et a écrit simplement *« maison »*[3] à côté, signalant ainsi l'orientation et la distance par rapport à l'étang. La première édition de *Walden ou la vie dans les bois* a été publiée par Ticknor and Fields, à Boston en 1854. Elle contient le relevé de

Thoreau de 1846 indiquant l'emplacement et l'orientation de sa maison. De nombreuses éditions contemporaines de *Walden* actuellement disponibles reprennent le relevé de Thoreau de 1846 comme dans l'édition originale. Toutefois, seul le mot « *maison* » apparaît dans ces éditions plus récentes. L'orientation et le périmètre de la maison ont été perdus en cours de route.

De récentes recherches sur le terrain, comparant les coordonnées à l'aide d'un GPS moderne et les superposant avec le relevé topographique de Thoreau, montrent la précision de celui-ci. Les différences entre les deux sont insignifiantes.

Quand il s'agit de décrire l'emplacement de la maison, Thoreau l'écrivain n'est pas tout à fait aussi précis que Thoreau le géomètre. Dans l'introduction de *Walden*, il écrit : « *Quand j'écrivis les pages qui suivent, ou plutôt, en écrivis le principal, je vivais seul, dans les bois, à deux kilomètres (1 mile) de tout voisinage, dans une maison que j'avais bâtie moi-même au bord de l'étang de Walden, à Concord dans le Massachusetts et ne devais ma subsistance qu'au travail de mes mains.* »[4] L'usage du terme « *au bord* » suggère que la maison est directement sur la rive avec une vue imprenable sur le lac. De fait, elle est située à quelques dizaines de mètres de la rive nord de l'étang de Walden. Thoreau continue ainsi : « *C'était un aimable versant de colline que celui où je travaillais, couvert de bois de pins, à travers lesquels je promenais mes regards sur l'étang, et d'un petit champ au milieu d'eux, d'où s'élançaient des pins et des hickorys* ».[5] Cette description du site est plus précise quant à l'emplacement de la maison. Il n'y a aucune photo connue de la maison de Thoreau lorsqu'il vivait à Walden. La plus ancienne photo du site date de 1905 et montre le cairn.

Dans le chapitre « Economie » de *Walden*, Thoreau décrit son habitation de Walden comme une maison. Il ne la voit pas comme une cabane ou une baraque. Malgré ses dimensions modestes, Thoreau avait construit sa maison avec une ossature de bois solide, généralement réservée à des constructions beaucoup plus importantes. Un peu avant dans ce même chapitre « Economie », Thoreau utilise à plusieurs reprises les termes « architecte », « architecture » ou « architectural ».

« Ce que je vois de beauté architecturale aujourd'hui est venu, je le sais, progressivement du dedans au dehors, des nécessités et du caractère de l'habitant, qui est le seul constructeur, – d'une certaine sincérité inconsciente, d'une certaine noblesse sans jamais une pensée pour l'apparence ; et quelque beauté additionnelle de ce genre qui soit destinée à se produire sera précédée d'une égale beauté inconsciente de vie. »[6]

Plus loin dans le chapitre, Thoreau décrit les proportions, les matériaux et le coût de sa maison de l'étang de Walden :

« Je possède donc ainsi une maison recouverte étroitement de bardeaux et de plâtre, de dix pieds de large sur quinze de long, aux jambages de huit pieds, pourvue d'un grenier et d'un appentis, d'une grande fenêtre de chaque côté, de deux trappes, d'une porte à l'extrémité et d'une cheminée de brique en face. Le coût exact de ma maison, au prix ordinaire de matériaux comme ceux dont je me servis mais sans compter le travail tout entier fait par moi, fut le suivant : et j'en donne le détail parce qu'il est peu de gens capables de dire exactement ce que coûte leur maison, et moins encore, s'il en est, le coût séparé des matériaux divers dont elle se compose :

Planches	*$ 8,03 ½*	*planches de la cabane pour la plupart*
Bardeaux de rebut pour le toit et les côtés	*4,00*	
Lattes	*1,25*	
Deux fenêtres d'occasion avec verre	*2,43*	
Un millier de vieilles briques	*4,00*	
Deux barils de chaux	*2,40*	*c'était cher*
Crin	*0,31*	*plus qu'il ne fallait*
Fer du manteau de cheminée	*0,15*	
Clous	*3,90*	
Gonds et vis	*0,14*	
Loquet	*0,10*	
Craie	*0,01*	
Transport	*1,40*	*j'en portais sur le dos une bonne partie*
En tout	***$ 28,12 ½***	

C'est tout pour les matériaux, excepté le bois de charpente, les pierres et le sable, que je revendiquais suivant le droit du squatter. J'ai aussi un petit bûcher attenant, fait principalement de ce qui resta après la construction de la maison. »[7]

Il est à noter que le terrain où la maison de Thoreau s'élevait appartenait à son ami Ralph Waldo Emerson. Il se peut que Thoreau ait utilisé *le bois, les pierres et le sable au titre de son droit du squatter*, mais le bois pourrait également venir de l'exploitation forestière d'Emerson.

Après l'expérience de Thoreau à Walden, la maison fut transportée à Concord, et utilisée par un agriculteur pour stocker du grain, puis, un peu plus tard, démontée. L'Institut Thoreau conserve ce qui semble être un morceau de poutre ou un chevron original parmi plusieurs autres artéfacts de la maison de Thoreau tels que des briques et des clous faits à la main. En observant la poutre de pin originale, on distingue les marques de hache que Thoreau a faites en la taillant dans de *« grands pins blancs pointus. »*[8]

La réplique de la maison de Thoreau donne une bonne idée de l'espace et des proportions de l'original et de l'impression qu'il pouvait susciter. Le plus remarquable est peut-être l'intérieur. On s'est efforcé d'utiliser des poutres taillées à la main ; certaines sont encore recouvertes d'écorce, conformément à la description de Thoreau. Les ventaux des fenêtres ont été fixés avec des clous forgés à la main pour imiter le mode de construction de l'époque de Thoreau. A l'extérieur, les planches de rives du toit sont coupées à la machine et les bardeaux sont fabriqués avec des méthodes contemporaines, donnant à la réplique une apparence trop industrielle. Le plus important, peut-être, est d'avoir reproduit la maison avec la même orientation que l'original de Thoreau. Ainsi, la manière dont les rayons du soleil et les ombres entrent par la fenêtre et jouent sur le mobilier et dans l'espace de la pièce unique est très proche de ce que Thoreau devait connaître il y a plus de cent cinquante ans. Cette observation a inspiré le photomontage de la réplique sur le site original, dont le but est d'évoquer le cadre naturel de l'époque de Thoreau, la pente, le paysage, et la proximité de l'étang, en imaginant ce que l'écrivain voyait de son pas-de-porte. Ces photos donnent une idée de ce à quoi pouvait ressembler la maison de Thoreau sur son emplacement d'origine.

Outre la dimension minimale de la maison, Thoreau a été l'un des premiers à préconiser le recyclage des matériaux de construction. De nos jours, les architectes et les urbanistes réutilisent des éléments et des matériaux de construction pour obtenir le label Leadership in Energy and Environmental Design points (LEED), un programme de certification utilisé actuellement dans le monde entier et initié par l'association à but non lucratif U.S. Green Building Council (USGBC), qui a mis au point un système d'évaluation des bâtiments écologiques et délivre des certificats, la note la plus élevée étant « platine ».

Si l'on avait appliqué la notation d'aujourd'hui, Thoreau aurait obtenu des points LEED pour avoir réutilisé des matériaux comme la paire de fenêtres d'occasion, les vieilles briques et les planches récupérées dans la baraque achetée à l'Irlandais James Collins.[9]

A Walden, Thoreau vécut une vie autonome qui continue d'inspirer et de donner un sens à l'écologie actuelle. Ses méthodes de construction écologiques et la façon dont il a dessiné les plans de sa maison de l'étang de Walden sont une source d'inspiration stimulante tant pour les architectes et les concepteurs que pour les urbanistes.

---

1 Robbins, Roland W. *Découverte à Walden*, 1947. Réimpression, Lincoln, Massachusetts : Thoreau Society, 1999.

2 Thoreau, Henry David. *Walden ou La vie dans les bois* , « Économie », p. 285. New Jersey : Princeton University Press, 2004. Introduction de John Updike. Edité par J. Lyndon Shanley.

3 Thoreau, Henry David. Plan topographique de Walden Pond. 133a Walden Pond [1846]. Concord, MA : Collections spéciales de la bibliothèque publique de Concord.

4 Thoreau, Henry David. *Walden ou La vie dans les bois*, « Économie », p. 3 New Jersey : Princeton University Press, 2004. Introduction de John Updike. Edité par J. Lyndon Shanley.

5 Ibid. p. 41.

6 Ibid. p. 47.

7 Ibid. pp. 48-49.

8 Ibid. p. 40.

9 Ibid. p. 43.

Crique de Thoreau, étang de Walden,
Massachusetts, photographie historique, 1908

Emplacement de la maison de Thoreau signalé par un cairn, photographie historique de 1908

Vue vers le nord, maison de Thoreau, en hiver

Vue vers le nord, maison de Thoreau,
en automne

Vue vers le nord-ouest, maison de Thoreau, en automne

Vue à travers la fenêtre sud-ouest, maison de Thoreau

Détail du plafond en poutres de pin, maison de Thoreau

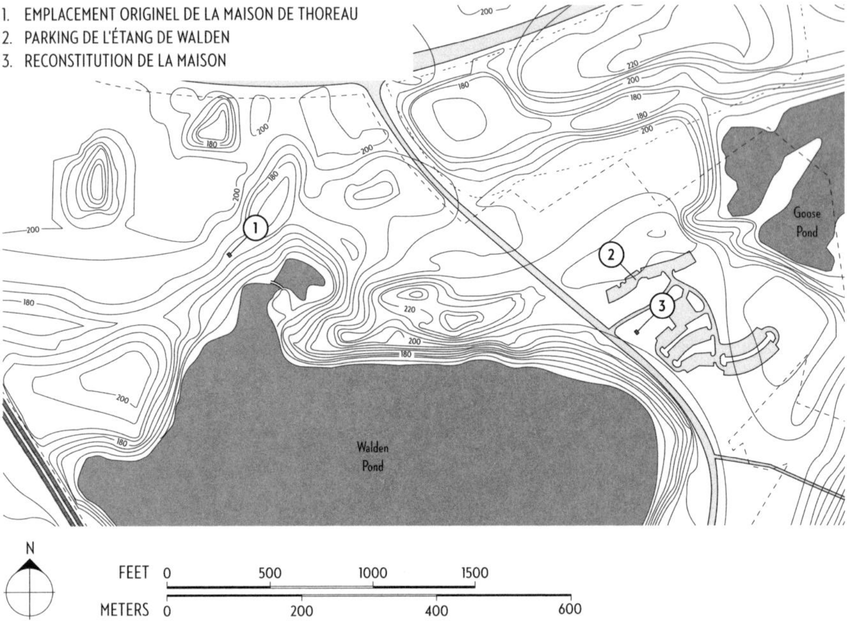

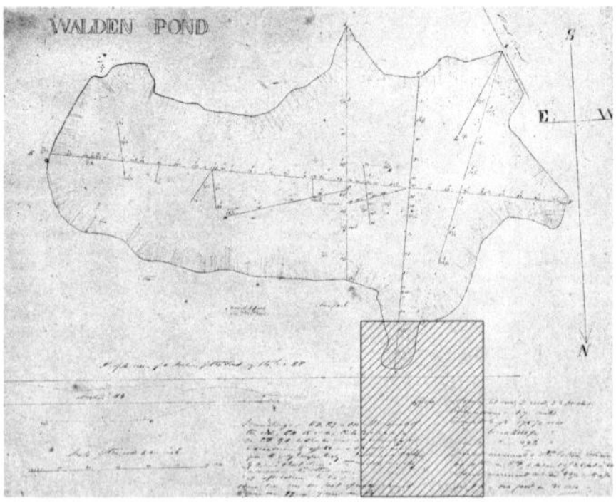

Plan de situation, zone de l'étang de Walden, près de Concord, Massachusetts

Détail du dessin de relevé de la maison de Thoreau et orientation, par Henry David Thoreau

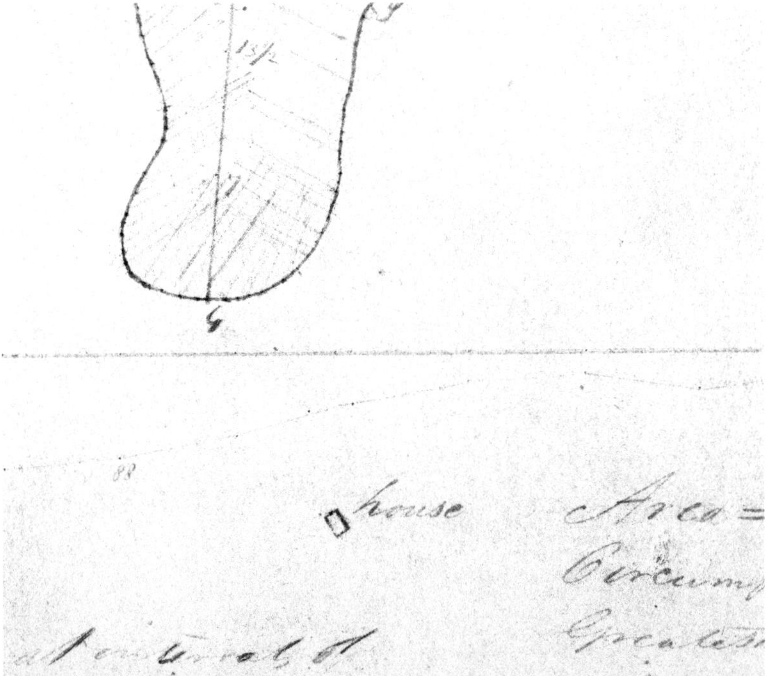

Dessin de relevé de l'étang de Walden,
par Henry David Thoreau

Coupe topographique du terrain, maison de Thoreau, nord – sud

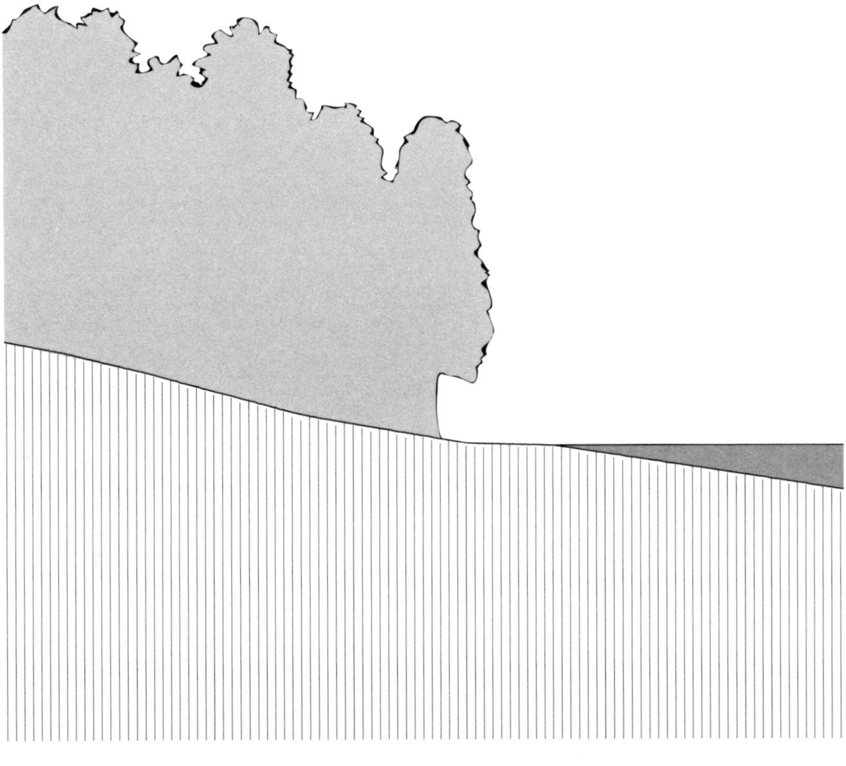

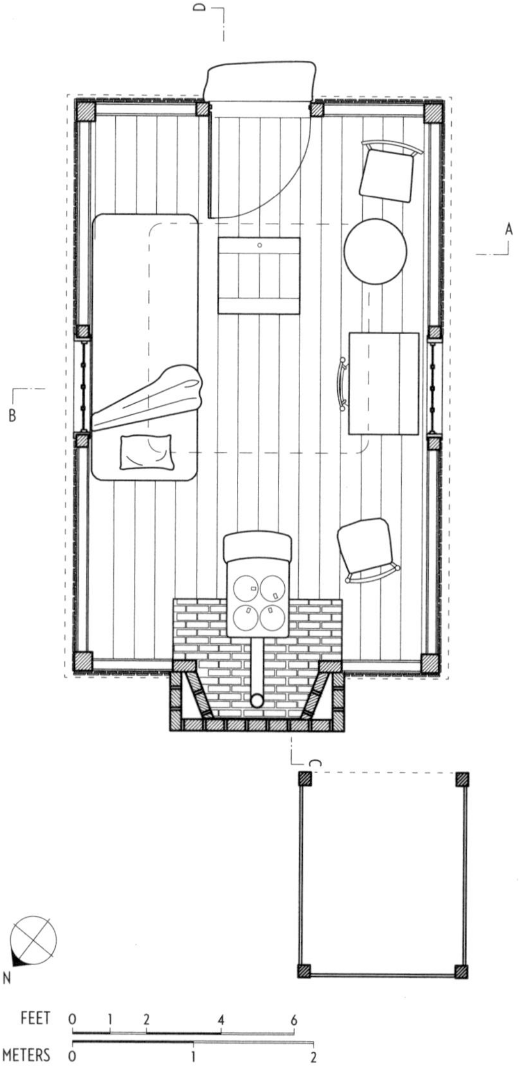

Plan de sol, maison de Thoreau

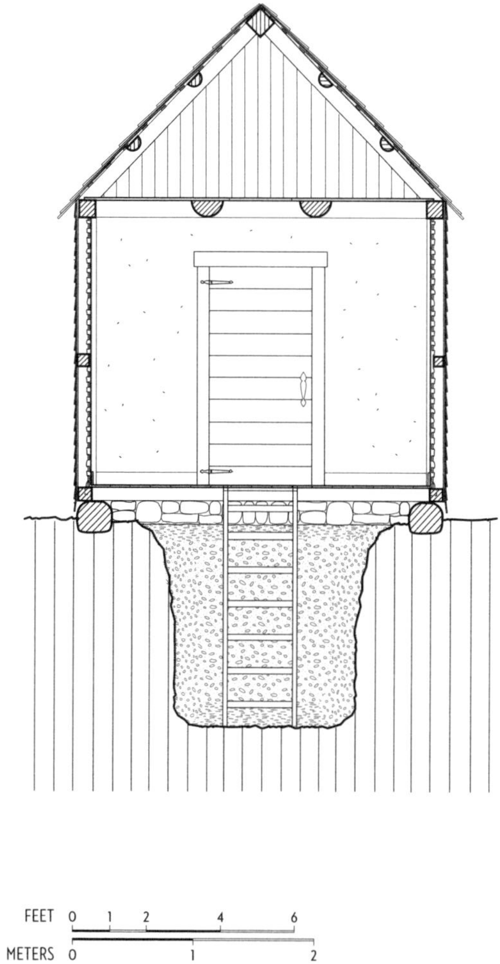

Coupe transversale A, orientée sud-est, maison de Thoreau

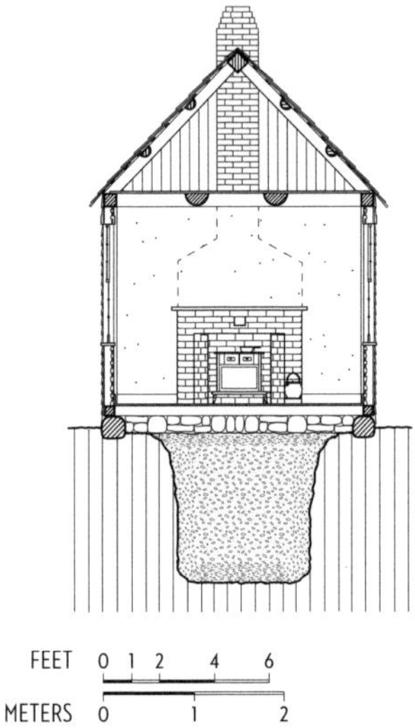

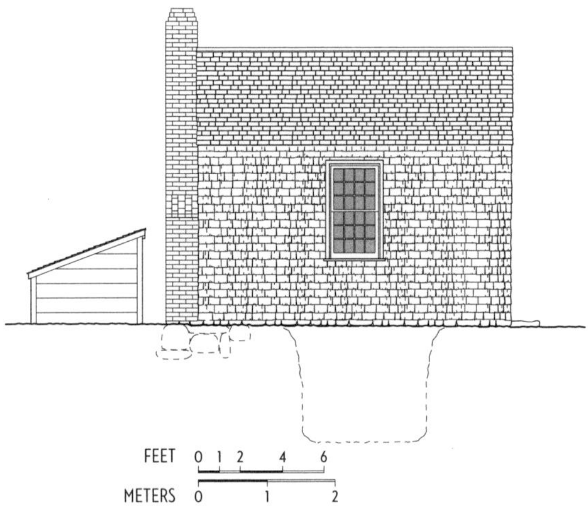

Coupe transversale B, orientée nord-est, maison de Thoreau

Façade sud-ouest, maison de Thoreau

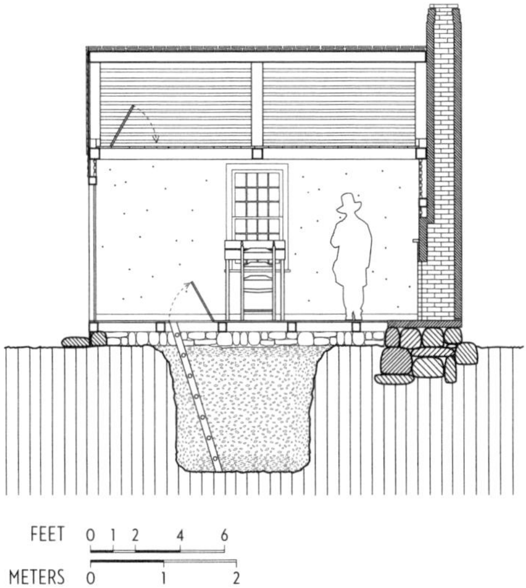

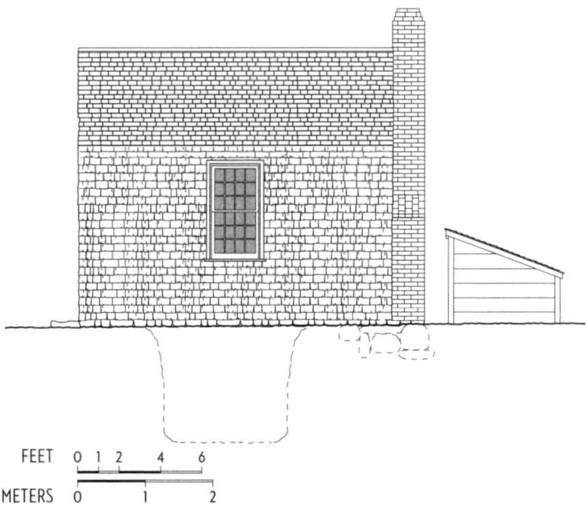

Coupe longitudinale C, orientée sud-ouest, maison de Thoreau

Façade nord-est, maison de Thoreau

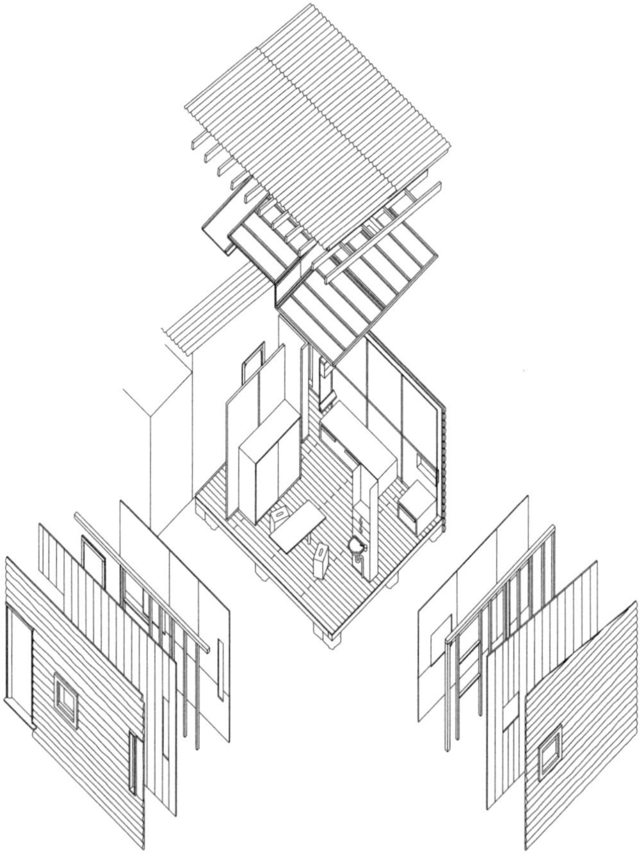

Dessin en vue éclatée, le Cabanon

LE CABANON 1951-1952

Le Corbusier 1887-1965

Quand on prend le train pour aller de Nice à Roquebrune-Cap-Martin, le chemin que l'on suit, le long de la Côte d'Azur, est le même que celui qu'empruntait Le Corbusier arrivé à Nice depuis Paris en train ou en avion et gagnant ensuite Roquebrune-Cap-Martin en train ou en voiture. *Le Cabanon* – terme utilisé pour désigner les petites habitations vernaculaires de la côte méditerranéenne – se trouve à environ 0,6 km au sud-est de la gare de Roquebrune-Cap-Martin.

Aujourd'hui, la gare est un bâtiment désert, quelque peu laissé à l'abandon et desservi uniquement par les trains locaux. Les arrivées, les départs et les retards sont annoncés par une voix automatique diffusée par haut-parleurs. Les touristes qui visitent la région choisissent en général Monaco, destination plus « glamour » que sa banlieue.

Pendant les mois d'été, deux à trois fois par semaine, sur rendez-vous et par beau temps uniquement, c'est de là que partent les visites guidées du *Cabanon*. Le point de rassemblement de ces excursions se situe du côté sud de la gare, à la sortie du passage sous la voie ferrée. On a beau n'être qu'à une dizaine de minutes de train de Monaco, l'atmosphère ici est très différente : ni casino ni yachts de millionnaires, mais une simple plage de galets publique au bord de la Méditerranée pour les adeptes de bains de mer et de soleil. Les riverains marchent ou courent le long du sentier qui mène jusqu'au Cap Martin, d'où tire son nom de la pointe la plus australe de cet endroit du littoral. C'est une randonnée qui gratifie le promeneur de panoramas magnifiques sur la Méditerranée et ses infinies nuances de bleu, d'un turquoise lumineux à un bleu très profond, presque noir.

Depuis la gare de Roquebrune-Cap-Martin, il faut une dizaine de minutes à pied pour parcourir le sentier, qui ne fait que 1,2 à 1,8 mètre de large. Bien que réservé aux piétons, il arrive que ce sentier soit emprunté par des scooters. Sans doute parce qu'inaccessible aux voitures, l'emplacement du *Cabanon* demeure relativement isolé et peu connu, à l'exception des amateurs d'architecture désireux de découvrir le lieu de vacances préféré de Le Corbusier et de son épouse Yvonne, ou qui souhaitent voir le rivage sur la côte où le corps de Le Corbusier fut rejeté après son dernier bain fatal, le matin du 27 août 1965.

Comme souvent avec les destinations architecturales, arriver ici demande quelques efforts. Peut-être est-ce une bonne chose, peut-être est-ce la raison principale de la conservation jusqu'à nos jours du restaurant *l'Étoile de Mer*, du *Cabanon*, des *Unités de Camping* et de la villa *E.1027* d'Eileen Gray. On peut s'imaginer la tâche ardue qu'a dû être pour les ouvriers le transport des matériaux de construction jusqu'au site. Cette inaccessibilité en camion ou en voiture implique nécessairement des coûts de construction supplémentaires qui font fuir les investisseurs. Le sentier, qui suit le relief, avec quelques montées et descentes, reste en grande partie le même qu'à l'époque de Le Corbusier il y a 70 ans. La principale différence aujourd'hui est que le sentier n'est plus en gravier comme à l'époque de Le Corbusier. La première partie du chemin est désormais nommée *Promenade Le Corbusier*, en l'honneur de celui qui fut peut-être l'architecte le plus novateur du 20ème siècle. Puis le chemin prend le nom de *Sentier Massolin*. Les dix minutes de marche qu'il faut de la gare au *Cabanon* de Le Corbusier permettent à l'esprit de s'adapter, de mettre à distance, physiquement et mentalement, ses soucis quotidiens et le chic monégasque.

La silhouette de Monaco et de sa baie deviennent visibles grâce à une légère courbe du sentier, qui s'oriente vers le sud, tandis que la végétation plantée dans les propriétés privées découvre peu à peu un panorama splendide sur la Méditerranée. Le *Cabanon* se situe au sud-ouest, orienté vers la mer. La pente en terrasses cède la place, près du rivage, à des formations rocheuses escarpées happées par les vagues.

Le Corbusier découvrit ce lieu dans les années 1920 et 1930, il était alors en vacances, en visite dans la ville natale de son épouse, Menton, qui se situe juste à côté. Il connaissait la villa *E.1027* d'Eileen Gray, que Gray conçut avec son conjoint de l'époque Jean Badovici de 1926 à 1929 pour leur couple. Le Corbusier eut des mots élogieux pour la villa de Gray. Plus tard, en 1938, à l'invitation de Badovici, Le Corbusier et sa femme passèrent leurs vacances d'été à la villa *E.1027*. L'année suivante, Le Corbusier passa encore du temps à la villa *E.1027* et y peignit des fresques murales, sans l'approbation et à la grande consternation de Gray.

Le Corbusier revint après la guerre, à la fin des années 1940. C'est alors qu'il rencontra Thomas Rebutato, un ancien plombier de Nice qui, en 1948, ouvrit son restaurant de fruits de mer, *l'Étoile de Mer*, à deux pas de la villa de Gray. Le Corbusier demanda à Rebutato de préparer un déjeuner d'affaires pour lui et une vingtaine de personnes dans son restaurant. Rebutato s'y employa avec succès. Ce moment marqua le début d'une longue amitié entre Le Corbusier, sa femme, les Rebutato et leur fils Robert, qui devint architecte et travailla pour Le Corbusier.

Dans une formule devenue célèbre, Le Corbusier écrivit : *« Le 30 décembre 1951, sur un coin de table, dans un petit snack bar de la Côte d'Azur, je dessinais – comme cadeau d'anniversaire pour ma femme – les plans d'une petite maison, ou d'une cabane, que je construisis l'année suivante à l'extrémité d'un rocher baigné par les vagues. Ces plans (les miens) ont été dessinés en trois quarts d'heure. Ils étaient définitifs ; rien n'a été changé ; la petite maison a été construite à partir d'une copie mise au propre de ces plans. »*[1]

Il avait 64 ans lorsqu'il dessina les plans du *Cabanon* sur un coin de table de *l'Étoile de Mer* de Thomas Rebutato. Ce qui paraît si simple dans les mots de Le Corbusier et que l'on néglige souvent, c'est que les 45 minutes de conception mentionnées sont en réalité le condensé de plus de 40 ans de voyage à travers le monde, d'expérience en architecture de pointe, en conception et en urbanisme. Le Corbusier s'est inspiré de ses expériences de voyage telles que la visite du Mont Athos en Grèce et de la Chartreuse d'Ema, un monastère des environs de Florence, en Italie, où il admira la cellule monastique et déclara qu'elle constituait une unité de vie idéale. Toutes ces expériences l'ont amené à planifier des schémas urbains complexes tels que l'*Unité d'habitation* qui ont bâti sa réputation d'architecte, d'urbaniste et d'artiste avant qu'il n'atteigne ses 64 ans. Tout ce savoir ne pouvait rester lettre morte et a dû contribuer à la conception du *Cabanon*.

Le Corbusier publia le *Cabanon* sur deux pages dans son *Œuvre Complète*, volume V, 1946-52 avec un simple texte : *« Application du Modulor. Pièce unique d'une superficie de 366 × 366 cm et d'une hauteur de 226 cm, préfabriquée à Ajaccio. Ce type de construction s'est avérée être particulièrement satisfaisant. »*[2] Dans un entretien de 1962 avec Georges Charensol pour l'émission de la radio publique française « L'art moderne », Le Corbusier déclare : *« Pour mon usage personnel, j'ai un château sur la Côte d'Azur qui mesure 3,66 × 3,66 mètres. C'était pour ma femme, c'était magnifique, l'intérieur était somptueusement confortable et agréable. »*[3]

Dans les deux déclarations, Le Corbusier décrit un espace carré, ce qui n'est pas tout à fait exact. Il semble que Le Corbusier ait choisi d'omettre le corridor dans cette description, bien que le plan publié dans l'*Œuvre Complète* montre clairement le couloir avec le système de portemanteaux et les toilettes derrière. Si l'on inclut le couloir et les toilettes du *Cabanon*, le plan mesure non pas 3,66 × 3,66 m, mais plutôt 3,66 × 4,36 m.

Beaucoup de spécialistes ont écrit sur cet espace carré et sa géométrie hélicoïdale. Les zones clairement délimitées suggèrent une disposition en volute de nautile qui organise les différentes zones de vie du *Cabanon* avec deux zones de repos et de sommeil, un vestiaire et un espace de travail. En outre, Le Corbusier mit en œuvre son Modulor, un système de mesures proportionnelles, qui, affirmait-il, mettait l'Homme en harmonie avec son environnement bâti.

En arrivant sur le site, le premier signe visible du bâtiment de Le Corbusier est la silhouette du Modulor peinte en bonne place sur la façade des *Unités de Camping* (Fig. 14), cinq cabanes mitoyennes que Le Corbusier conçut en 1954 pour Rebutato, le propriétaire du restaurant, et construisit en 1956. En continuant sur le sentier, on accède au *Cabanon* depuis le restaurant *l'Étoile de Mer* des Rebutato. Sur la terrasse du restaurant, une porte discrète dans un claustra permet d'accéder au patio privé du *Cabanon*. Évidemment, à l'époque de Le Corbusier, l'accès à la terrasse n'était pas destiné aux clients du restaurant. La terrasse était réservée à Le Corbusier et à Yvonne et parfois à quelques amis proches : lieu d'intimité et d'amitié. Dans le couloir du *Cabanon*, Le Corbusier avait fait installer une porte, pour accéder à l'intérieur du restaurant, au garde-manger et au réfrigérateur (Fig. 15). La porte reliant l'intérieur du *Cabanon* à l'intérieur du restaurant est une manière intelligente de ne pas troubler l'harmonie spatiale que Le Corbusier avait créée. Ne pas avoir à se soucier des affaires de cuisine à l'intérieur du *Cabanon*, en externalisant ingénieusement les tâches les plus banales de la vie quotidienne, permet de conserver la pureté du style de vie Modulor.

Si l'on continue plus avant sur le *Sentier Massolin*, on remarquera une végétation dense. Lorsque le feuillage s'éclaircit, on domine dans un premier temps le restaurant, puis le toit du *Cabanon*, avec Monaco au loin (Fig. 16). Après quelques pas, à la fin du complexe moderniste, une porte grillagée s'ouvre sur un escalier en diagonale, dont l'inclinaison douce donne sur le replat de l'espace en terrasses. En bas de l'escalier, au bord de l'eau, se trouve la baraque de chantier de Le Corbusier (Fig. 17), une salle de travail de 2 × 4 m. Le Corbusier ajouta ce petit studio en 1954, deux ans après l'achèvement du *Cabanon*. Il venait y étudier, écrire et dessiner. A l'extrémité de la terrasse, *le Cabanon* (Fig. 18) jouxte directement le restaurant des Rebutato. Le côté par où l'on arrive dépend du guide qui accompagne la visite ce jour-là. Cette dernière option est celle qui met le plus l'accent sur l'univers privé de Le Corbusier car elle permet d'accéder au *Cabanon* sans passer d'abord par la terrasse du restaurant. La vue fantastique sur la mer et sur la côte de Monaco s'enrichit d'une végétation méditerranéenne composée de nombreux arbres, arbustes, cactus et d'un imposant caroubier, avec son tronc énorme, situé au centre de la terrasse. L'arbre jouait un rôle vital en ombrageant le *Cabanon* pendant les mois chauds d'été. Sa frondaison hémisphérique apportait de l'ombre à l'intégralité du *Cabanon* sans aucun problème, dans la mesure où un caroubier en pleine maturité peut s'élever jusqu'à 15 m. Aujourd'hui, l'ombre du caroubier est quelque peu diminuée car l'arbre a perdu une bonne partie de son impressionnante frondaison dans un orage il y a quelques années. Les photographies historiques de Lucien Hervé (Fig. 19) montrent Le Corbusier travaillant sur la terrasse, la véranda, une extension paysagère du *Cabanon* et un « système de rafraîchissement passif », selon les termes consacrés d'aujourd'hui. Il faut moins d'une minute pour traverser la terrasse et aller du *Cabanon* jusqu'à la baraque de chantier. Toutefois, l'expérience spatiale du feuillage méditerranéen et la perception de l'espace s'ouvrant vers l'horizon de l'océan à l'infini donnent une sensation de grandeur et, à cet égard, le *Cabanon* paraît beaucoup plus spacieux que les 3,66 × 3,66 mètres déclarés.

D'un point de vue technique, *le Cabanon* est une construction à ossature de bois préfabriquée construite et assemblée à Ajaccio, en Corse, dans l'atelier du constructeur Charles Barberis (Fig. 20). Le bâtiment préfabriqué fut ensuite démonté pièce par pièce, expédié par bateau jusqu'à Roquebrune-Cap-Martin et transporté de la gare jusqu'à son emplacement définitif. La dernière étape du déménagement eut lieu aux petites heures du matin, entre deux et trois heures, au moment où la voie ferrée était le moins utilisée et où l'on pouvait s'arrêter au niveau du restaurant *l'Étoile de Mer* pour décharger les pièces préfabriquées et les amener prestement jusqu'à l'emplacement désigné pour le remontage sur la terrasse[4], une tâche colossale compte tenu de la forte pente. L'intérieur du *Cabanon* est garni de planches de contreplaqué. Le parquet est peint en jaune vif et le plafond est bardé de panneaux de coloris divers : rouge, vert, blanc et noir. Les couleurs plus foncées sont utilisées dans la zone de repos et de sommeil. Les blancs près de la table et de l'espace de travail. Le noir est exclusivement utilisé dans le couloir, comme pour aider les yeux, grâce à cette couleur sombre, à faire la transition entre la lumière méditerranéenne de l'extérieur et l'intérieur, et inversement. L'extérieur du *Cabanon* est bardé de dosses en bois de pin d'environ 10 à 20 cm de large et disposées horizontalement. Elles sont clouées sur des planches de bois verticales, un peu comme le bardage à clin que l'on voit sur les maisons américaines, sauf que la section transversale en arc des dosses donne au *Cabanon* l'apparence d'une cabane de rondins. Aujourd'hui, le bardage en bois de pin est entretenu et protégé avec une teinte brun foncé. Le toit est constitué de deux rangées de plaques de fibrociment ondulées avec une projection d'environ 30 cm aux extrémités haute et basse.

« Je ressens un tel confort dans mon cabanon que je vais probablement finir mes jours ici. »[5]

---

1 Le Corbusier. *Modulor II*, p. 239. Réimpression de la première édition anglaise, Londres : Faber et Faber, 1955. Réimpression, Bâle : Birkhäuser Verlag, 2000.

2 Le Corbusier. *Œuvre complète 1946-1952*, Vol. V, p. 62. Zurich : W. Boesiger, 1953. Zurich : Edition Girsberger, Artemis neuvième édition, 1991.

3 Cohen, Jean-Louis. Ed. *Le Corbusier Le Grand*, p. 652. Londres : Phaidon Press Limited, 2008.

4 Chiambretto, Bruno. *Le Corbusier à Cap-Martin*, p. 54. Marseille : Éditions Parenthèses, 1987. Ed. 2006.

5 Weber, Nicholas Fox. Le Corbusier, une vie, p. 582. New York : Knopf, une division de Random House, 2008.

Le Corbusier quittant Cap-Martin.
A ses côtés, Robert Rebutato

Le Cabanon assemblé dans l'atelier de
Charles Barberis, Ajaccio, Corse

Le Corbusier au travail sur la terrasse extérieure du Cabanon

Vue sud-ouest, Unités de Camping,
vues du sentier pédestre public

Caroubier, Cabanon et entrée de la terrasse de l’Etoile de Mer

Vue vers le nord, le Cabanon

Vue vers le sud-ouest,
entre le caroubier et le Cabanon

Vue vers le sud-ouest avec la baraque de chantier

Vue vers l'ouest, Monaco au loin

Vue vers le sud-est, détail de la fenêtre

Vue vers le sud-ouest par-dessus le toit du Cabanon et vue partielle sur l'Etoile de Mer

Fenêtre du Cabanon, façade sud-est

Détail de la fenêtre, le Cabanon, façade sud-ouest

Détail de la poignée de fenêtre, le Cabanon, caroubier en arrière-plan

Cabinet de toilette à fenêtre orientée au sud-est, le Cabanon

Couloir et entrée du Cabanon

Peintures murales de Le Corbusier,
couloir du Cabanon

Fenêtre orientée au sud-ouest avec volet miroir, le Cabanon

Fenêtre orientée au sud-est avec volet miroir, le Cabanon

Vue intérieure du Cabanon

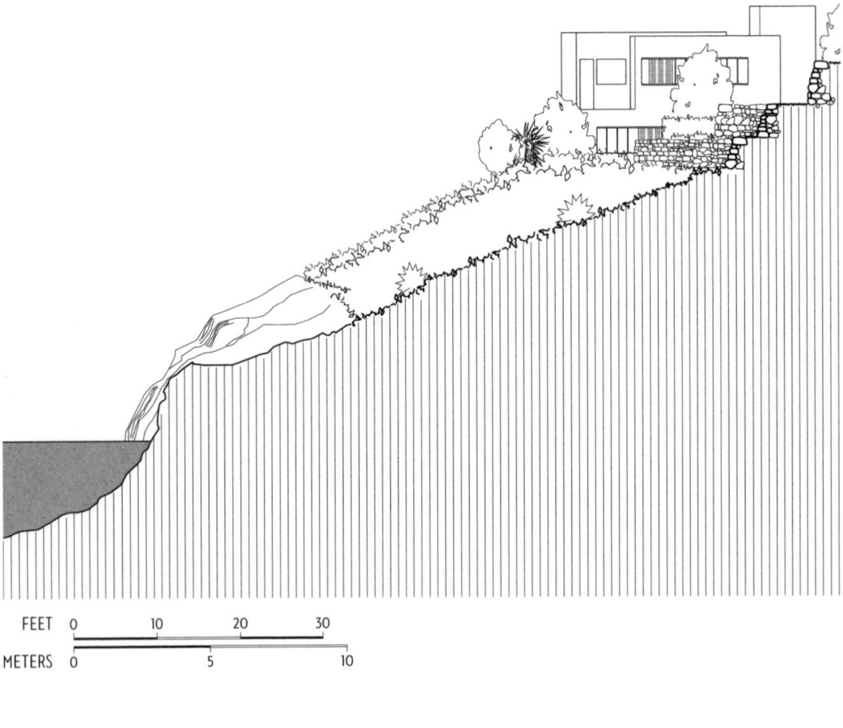

Coupe topographique du terrain, E.1027,

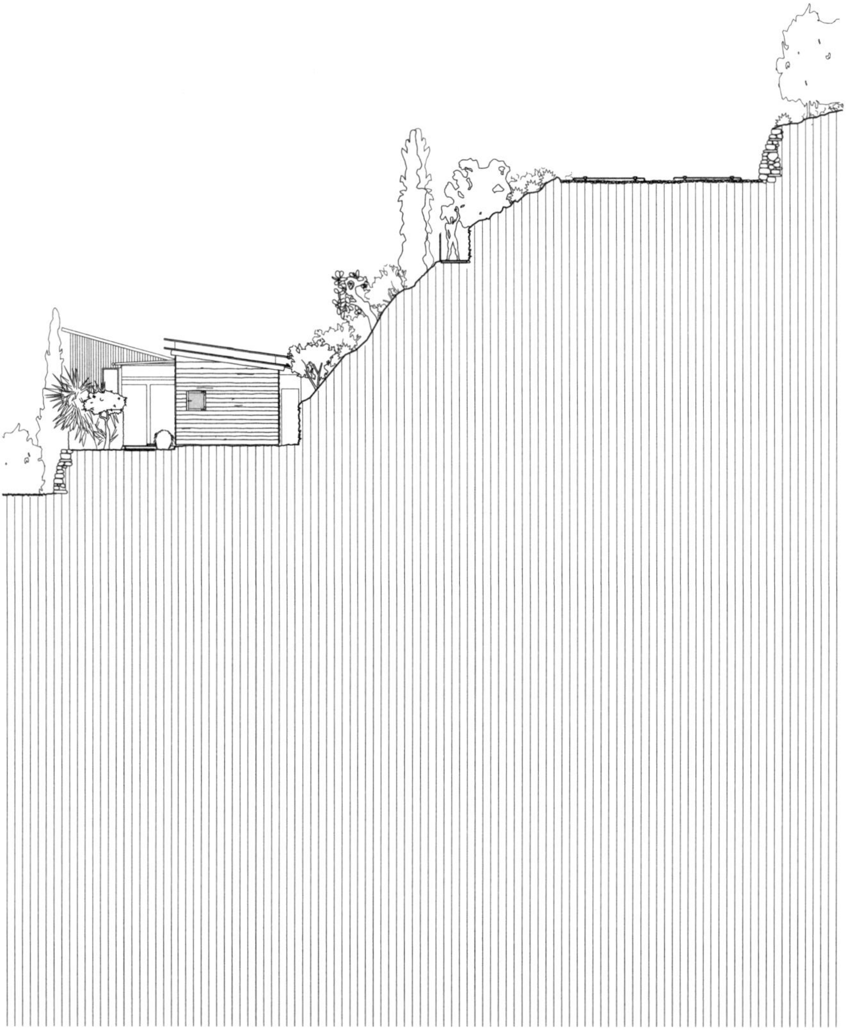

... le Cabanon et les voies ferrées, Ouest-Est

1. GARE DE ROQUEBRUNE-CAP-MARTIN
2. LE CABANON
3. TOMBE DE LE CORBUSIER ET D'YVONNE GALLIS

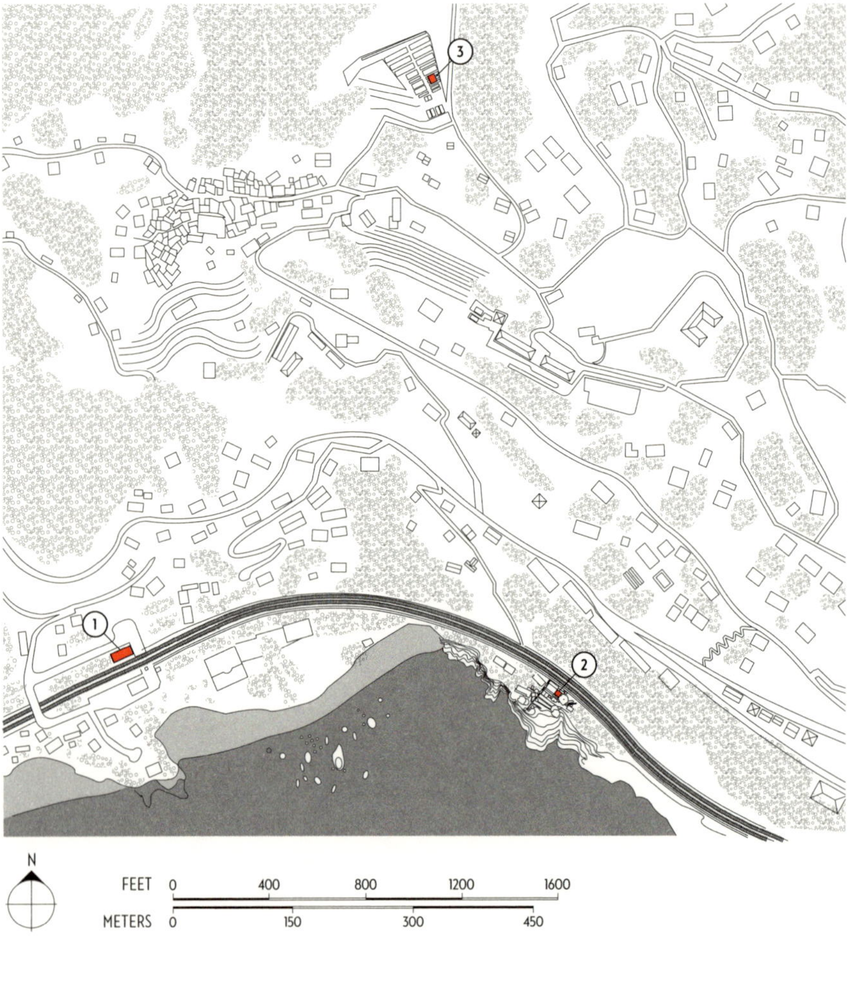

Plan de situation,
littoral de Roquebrune-Cap-Martin

1. E.1027
2. UNITÉS DE CAMPING
3. RESTAURANT L'ETOILE DE MER
4. LE CABANON
5. BARAQUE DE CHANTIER

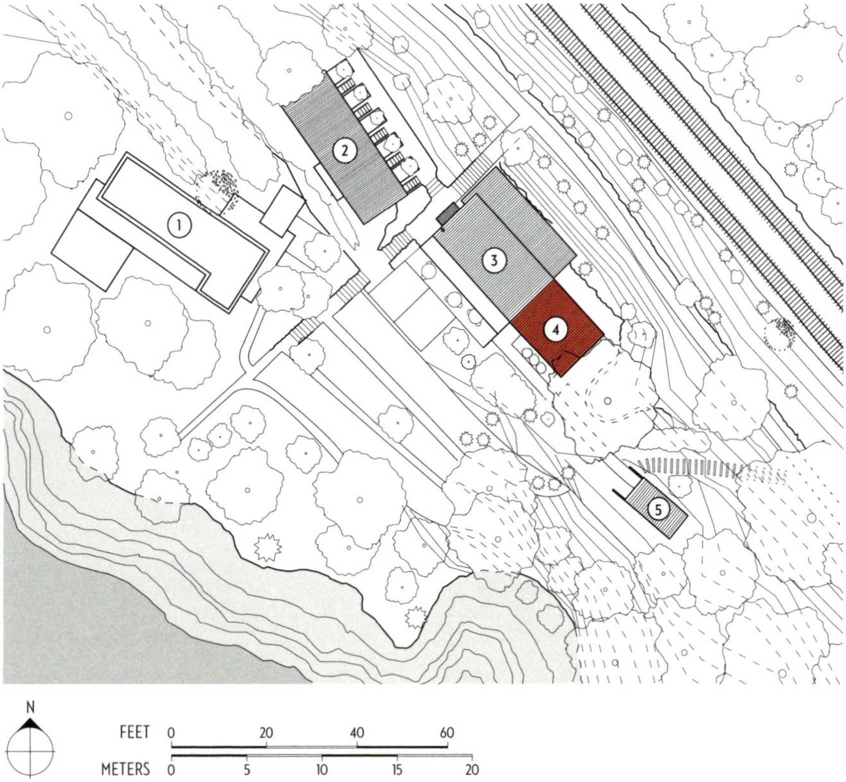

Plan du site, E.1027, Unités de Camping, l'Etoile de Mer, le Cabanon et la Baraque de Chantier

1. ENTREE
2. PORTE CONDUISANT AU RESTAURANT L'ETOILE DE MER
3. PLACARD
4. ENTREE DU CABANON
5. TOILETTES
6. ARMOIRE
7. LIT
8. TABLE BASSE
9. ETAGERES AVEC LAVABO
10. TABLE
11. ETAGERE BASSE
12. ETAGERE
13. FENETRE, à l'intérieur avec volet miroir monté sur charnières et fenêtre basculant vers l'extérieur (71 x 71 cm)
14. OUVERTURE persiennes à fentes verticales
OUVERTURE volets intérieurs

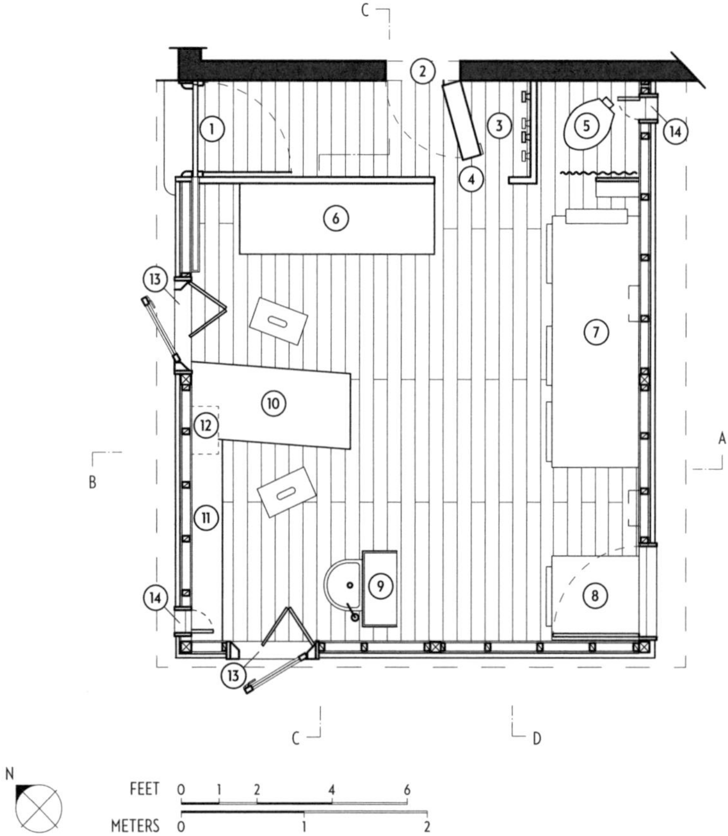

Plan, le Cabanon

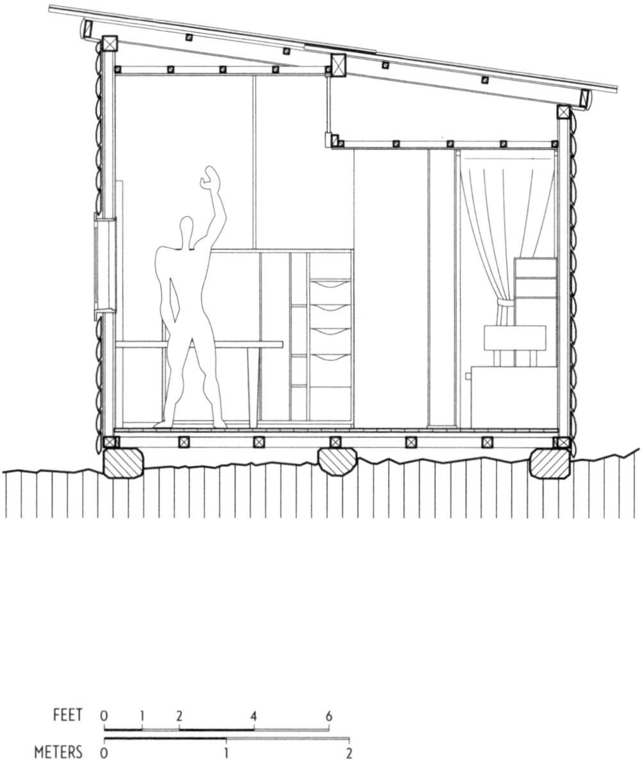

Coupe transversale A, orientée nord-ouest,
le Cabanon

Coupe longitudinale D, avec caroubier, orientée nord-est, le Cabanon

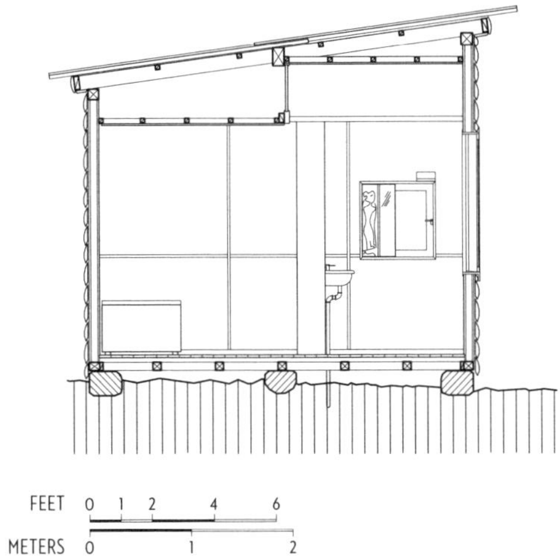

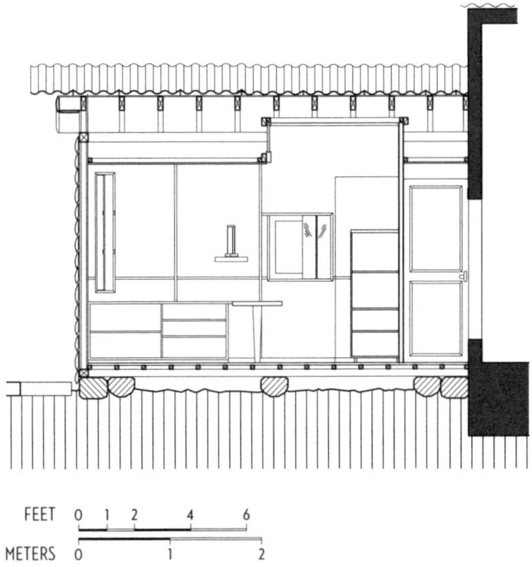

Coupe transversale B, orientée sud-ouest, le Cabanon

Coupe longitudinale C, orientée sud-ouest, le Cabanon

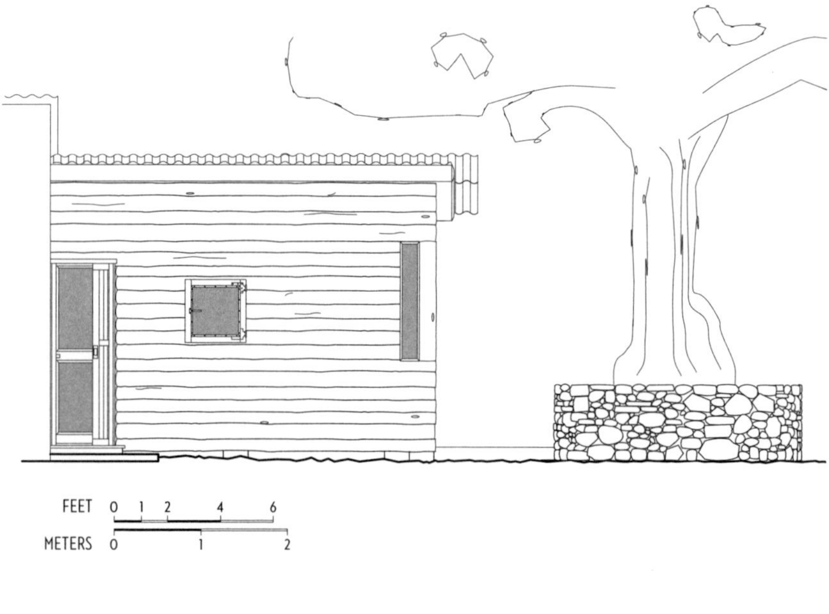

Façade sud-ouest, le Cabanon

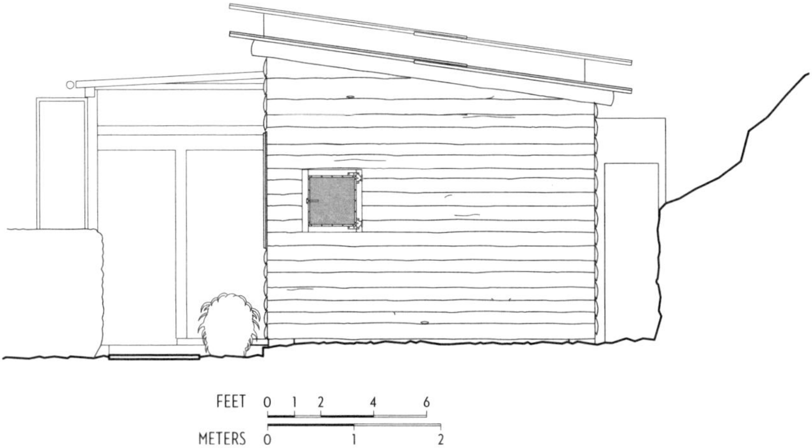

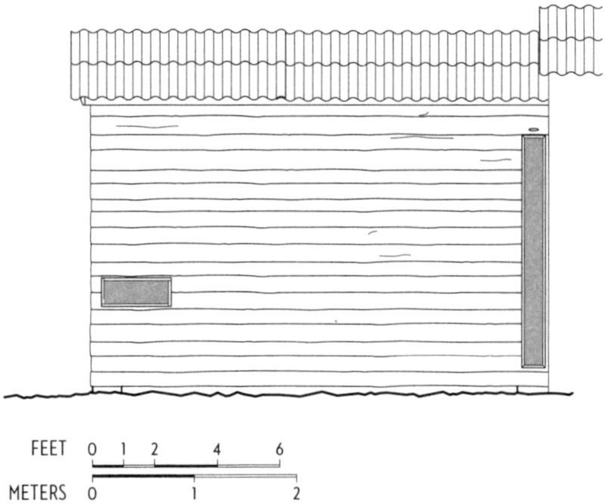

Façade sud-est, le Cabanon

Façade nord-est, le Cabanon

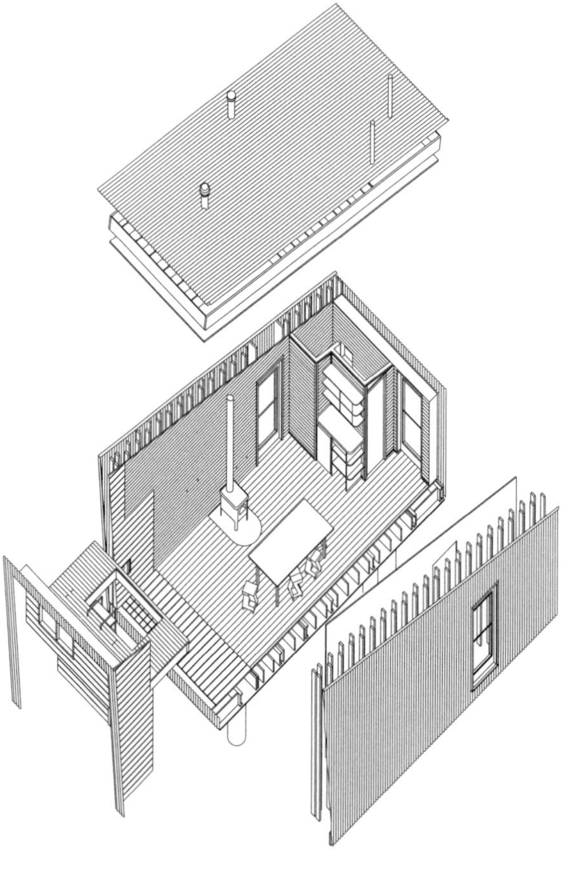

Dessin en vue éclatée, cabane écologique

LA CABANE ECOLOGIQUE 2008-2010

Ecole d'Architecture de la Texas Tech University

Sur la Route 70, direction ouest, après Crowell, au Texas, il faut faire très attention pour ne pas rater la bifurcation sur la droite vers le chemin agricole 1039. Ce dernier n'a pas de ligne centrale et, après quelques minutes d'asphalte rugueux, il se transforme en piste de gravier où au passage des véhicules s'élève un nuage de poussière rouge. Le moyen de transport par excellence dans cette partie du monde, c'est le pick-up. Le pick-up, ici, n'est pas seulement un jouet de guerre urbain dernière tendance pour « bobo ». Dans cette partie du monde, le pick-up a sa raison d'être, il est d'une utilité évidente. Dans le Texas rural, un pick-up est dans son milieu naturel. C'est l'outil des éleveurs et des agriculteurs, il fait partie de leur quotidien.

Après environ une minute sur la piste de gravier, on aperçoit vers l'ouest un simple portail en fer et on se retrouve dans un pâturage typique de l'ouest du Texas, qui est selon la saison sec, gelé ou fleuri. Les hautes plaines du Texas ont un climat rude, dominé par le vent, avec des étés chauds et des hivers froids où la température peut varier de 10 degrés (50 degrés Fahrenheit) en moins de vingt-quatre heures. La piste de gravier est maintenant un simple chemin de terre avec deux ornières séparées par de l'herbe haute.

On a alors le choix entre se garer pour gravir la pente douce de la prairie, ou bien continuer en pick-up jusqu'à la cabane. Si l'on choisit d'aller à pied, on voit se détacher peu à peu sur l'horizon la silhouette en U d'un petit bâtiment en métal brillant sous le ciel immense. La lumière réfléchie par la toiture métallique et la moitié supérieure de la façade en tôle ondulée scintille au soleil ; on est à la cabane.

La cabane durable est un projet de préfabriqué de conception et de construction écologique mené par des étudiants et des enseignants en architecture, en arts visuels et en ingénierie de la Texas Tech University. Le résultat de leurs recherches est une cabane autonome de 36 m^2 dédiée à l'expérimentation pour une fondation à but non lucratif. Commencée en 2008 et terminée à l'été 2010, cette cabane écologique sert de centre de recherche expérimentale en conception et modes de vie durables. Située dans un lieu reculé des *High Plains* américaines, elle n'est pas raccordée au réseau électrique conventionnel, elle fonctionne uniquement en utilisant l'eau de pluie, le compostage des déchets et l'énergie solaire photovoltaïque. Sa conception repose sur les principes de la maison solaire passive.

Les nécessités économiques concrètes imposent un examen critique des facteurs sociaux et économiques qui déterminent l'habitat contemporain. En 1845, les matériaux de la maison de Thoreau coutèrent vingt-huit dollars et douze cents et demi. En tenant compte de l'inflation, cela représenterait aujourd'hui environ sept cent vingt-deux dollars.

Certes, la cabane durable de Texas Tech a coûté plus cher que la maison de Thoreau ou que le *Cabanon* de Le Corbusier, mais ces bâtiments sont tous trois des modèles de réalisation économique et écologique. Le coût du *Cabanon* de Le Corbusier s'élevait à 400 000 anciens francs français, soit 6 800 $US de 1952, année où le *Cabanon* fut construit. Compte tenu de l'inflation, cette somme représenterait aujourd'hui environ 60 000 $US.

Le Solar Decathlon est un concours bisannuel organisé depuis 2002 par le Département de l'Energie des Etats-Unis d'Amérique. Au cours des dix premières années de son existence, des équipes pluridisciplinaires ont présenté leurs solutions dans le parc du National Mall à Washington D.C, capitale du pays.

Le vainqueur du Solar Decathlon 2007 a été l'université technologique de Darmstadt (Technische Universität Darmstadt), en Allemagne. Certes, le résultat est excellent et il est tout à l'honneur de l'université, mais le prototype représente un effort financier de plusieurs centaines de milliers de dollars. Compte tenu de la logistique et des coûts nécessaires pour transporter un prototype de maison solaire sur plus de 2500 km, l'Ecole d'Architecture de la Texas Tech University a choisi une approche différente, en se posant la question suivante : comment concevoir et construire un bâtiment écologique, solaire et autonome avec des matériaux disponibles dans le commerce et accessibles au grand public ?

Nous avons alors élaboré des modèles conceptuels, nous avons fait des demandes de subventions et nous avons étudié les antécédents historiques. En 2008, nous avions levé les fonds suffisants et le projet de réalisation a commencé, dans un entrepôt non chauffé loué à la périphérie de Lubbock. Pendant six semestres, plus de soixante étudiants ont troqué leurs outils habituels de travail, l'ordinateur et la souris, contre un marteau et une scie, dans le cadre d'un cours optionnel intégré au programme de leur diplôme.

En comparant le plan du site de la maison de Thoreau au bord de l'étang de Walden et celui du *Cabanon* de Le Corbusier, nous avons constaté que les deux bâtiments avaient la même orientation, légèrement inclinée vers le sud-est. Une voie ferrée passe à proximité des deux emplacements, et les deux réalisations historiques ont une vue imprenable sur une vaste étendue d'eau. Les deux logements sont de taille très similaire – 14 m^2 pour la maison de Thoreau et 13 m^2 pour le *Cabanon*, bien que les proportions et l'apparence des deux constructions soient différentes.

Dans l'ouest du Texas, il n'existe pas de grandes étendues d'eau naturelles, sauf quand un orage doublé d'une tornade, manifestation des forces de la nature, déverse des trombes d'eau. Lorsque le vent fait onduler les hautes herbes des vastes *High Plains* du Texas, il rappelle les vagues de l'océan soulevées par la brise.

La cabane écologique est orientée au sud-est, vers la ville de Crowell. L'extérieur de la cabane est bardé de tôle ondulée galvanisée et le porche est habillé de planches de cèdre. La base est en acier recyclé provenant d'une « double-wide » hors d'usage. La « double-wide » est une sorte de mobil-home, forme d'habitat répandu dans les campagnes américaines contemporaines : livrée sur roues, en deux moitiés, elle est remorquée par un camion jusqu'à sa destination finale où les deux moitiés sont assemblées en une seule habitation. L'intérieur de la cabane est habillé de pin blanc et des cyanotypes artistiques réalisés par Carol Flueckiger sont incrustés çà et là dans les murs, un peu comme sur une fresque médiévale. Les réalisations artistiques font partie intégrante de l'ensemble et ne peuvent être enlevées sans détruire celui-ci. Elles font référence aux sources d'inspiration de la cabane écologique, Thoreau et Le Corbusier. Les panneaux solaires photovoltaïques sont installés au sud-ouest de la cabane, invisibles depuis celle-ci, cachés derrière un mesquite. Au nord-ouest, deux citernes recueillent l'eau de pluie par un tuyau en acier galvanisé, légèrement taillé en biseau. La cabane est ventilée naturellement par des fenêtres et des portes vitrées coulissantes. A ce stade, l'énergie solaire produite ne suffit pas à alimenter un système de climatisation, mais elle fournit assez d'électricité pour l'éclairage, pour un réfrigérateur et pour une cuisinière, tout en permettant aisément aux visiteurs de recharger les appareils électroniques qu'ils ont apportés pour leur séjour. Pendant la saison froide, le chauffage est assuré par un poêle à bois moderne en fonte. L'isolation thermique, d'une épaisseur de 30 cm, est constituée de coton de jeans bleu recyclé, récolté dans les hautes plaines du

Texas. Les fondations de la cabane écologique se composent de quatre manchons métalliques enfoncés dans un soubassement en béton. Une fois livrés sur le chantier, les manchons et la base métallique de la cabane ont fait l'objet d'une mise à niveau horizontale et les tôles d'acier supérieures ont été soudées directement sur la structure métallique, en ancrant solidement cette dernière dans la fondation.

Les dimensions de la cabane écologique ont été déterminées par la moitié réutilisée du mobil-home « double wide », dont la surface correspond à deux carrés de 3,66 m × 3,66 m. Ainsi, l'emprise au sol de la cabane est deux fois plus grande que la pièce du *Cabanon* de Le Corbusier, sans compter une mezzanine aménagée en espace de sommeil. L'intérêt de l'expérience ne réside pas tant dans la mise en œuvre de technologies de pointe que dans l'expérimentation de matériaux durables et d'équipements solaires facilement accessibles au public, ainsi que dans le recours à des stratégies de chauffage et de refroidissement passifs. L'idée est d'avoir un exemple concret d'architecture écologique que les étudiants puissent voir et vivre au quotidien, qui serve de laboratoire de recherche vivant aux générations d'étudiants successives, qui permette de vérifier les points forts et les points faibles du projet en en faisant éventuellement évoluer les composantes au gré des avancées technologiques.

La plupart des étudiants ont apprécié le caractère concret de l'expérience, le passage d'une méthode théorique à une approche pratique de la construction, ainsi que la nature plus manuelle du cours – intégrer les matériaux de construction, assembler et lever les murs à ossature de bois, réaliser le joint entre le bardage métal et le bardage bois, modifier sur place un détail préalablement conçu et dessiné pour l'adapter à la construction. Ces tâches, effectuées parmi tant d'autres dans le cadre de la réalisation, ont donné aux étudiants une autre vision de l'architecture, moins abstraite et plus concrète. Le passage du dessin manuel aux techniques numériques a profondément modifié le programme et la nature de l'enseignement de l'architecture, ainsi que la profession d'architecte.

Ces vingt dernières années, les ateliers d'architecture mis à disposition des étudiants ont connu un changement majeur du fait de l'intégration de l'ordinateur et des logiciels. Les méthodes de conception assistée par ordinateur (CAO) et de fabrication assistée par ordinateur (FAO) sont la réalité d'aujourd'hui. L'art de créer des plans numériques sur ordinateur a rendu la représentation et la communication architecturale encore plus abstraite qu'à l'époque où l'on dessinait les plans à la main. De fait, le dessin manuel a perdu son importance d'autrefois. Aujourd'hui on l'utilise tout au plus pour les étapes conceptuelles. L'expérience tactile du crayon ou du stylo au contact du papier calque, la singularité des lignes tracées à la main ... ça n'a rien à voir avoir avec les deux clics nécessaires pour tracer une ligne sur un écran d'ordinateur. Malgré toutes les avancées technologiques, l'expérience de la cabane écologique a montré que les étudiants aspirent à une expérience plus concrète, plus manuelle et plus tactile. Ils veulent sentir la résistance des matériaux, le travail et la sueur qu'il faut pour relier un mur à ossature bois aux chevrons du toit. Si banal et rudimentaire que cela puisse paraître, un laboratoire universitaire permettant d'appliquer, d'explorer et de tester des techniques fondamentales de construction est d'une valeur inestimable et apporte beaucoup aux étudiants, même dans notre monde éminemment technologique. Espérons que l'expérience de conception et de construction de la cabane durable accompagne pendant longtemps les étudiants et leur permette, quand ils côtoieront sur les chantiers les entrepreneurs et les ouvriers, de mieux en comprendre le métier. En définitive, il en résulte une meilleure compréhension de l'ensemble du processus de réalisation, et cela contribue foncièrement à améliorer la création architecturale.

Etudiants de la Texas Tech University dressant une cloison à ossature bois

Etudiants de la Texas Tech University démontant et recyclant des éléments d'une maison mobile « double wide »

La cabane écologique quittant Lubbock pour Crowell, Texas

La cabane écologique en route pour le nord sur le chemin agricole 1039

Vue vers le nord-est, la cabane écologique
au lever du soleil

Vue vers le nord-est, la cabane écologique avec ses panneaux solaires photovoltaïques et ses citernes d'eau

Vue vers le sud-est, la cabane écologique
avec nuages d'orage

Vue vers le nord-est, la cabane écologique

Vue vers le nord-ouest, la cabane écologique

Vue vers le nord-ouest,
cabane écologique, porche

Vue vers l'est,
cabane écologiquee, détail du porche

Vue vers l'est,
cabane écologique

Vue vers le sud-ouest,
cabane écologique, détail de la fenêtre de la salle de bain et citernes d'eau

Vue intérieure avec table et tabourets,
cabane écologique

Vue intérieure avec table et tabourets,
cabane écologique

Vue intérieure, cabane écologique,
porte coulissante donnant sur le porche

Cabane écologique, portemanteaux avec cyanotypes artistiques de Carol Flueckiger

Cabane écologique, cyanotype artistique de Carol Flueckiger

1. PLAN DE SITUATION DE LA CABANE ECOLOGIQUE
2. ROUTE 1039
3. AUTOROUTE 70
4. PLAN QUADRILLE DE CROWELL, TEXAS

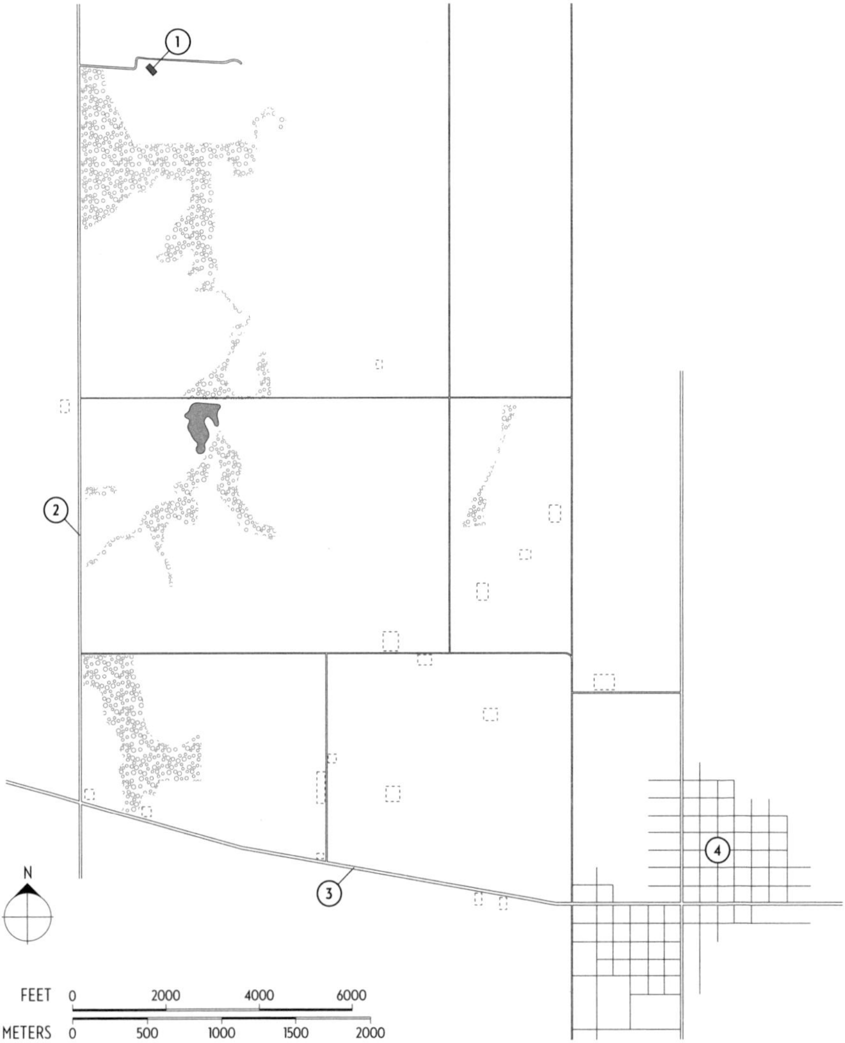

Plan de situation du quadrillage de la ville et site de la cabane à Crowell, Texas, et alentours

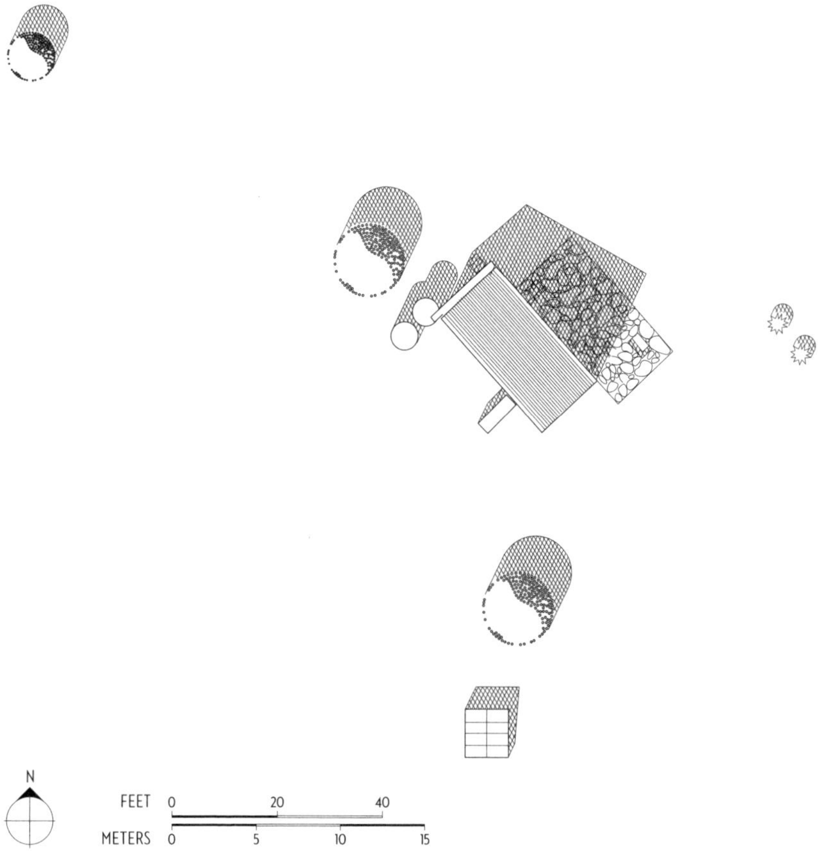

Plan de situation, cabane écologique, patio, citernes d'eau, panneaux solaires photovoltaïques et mesquites

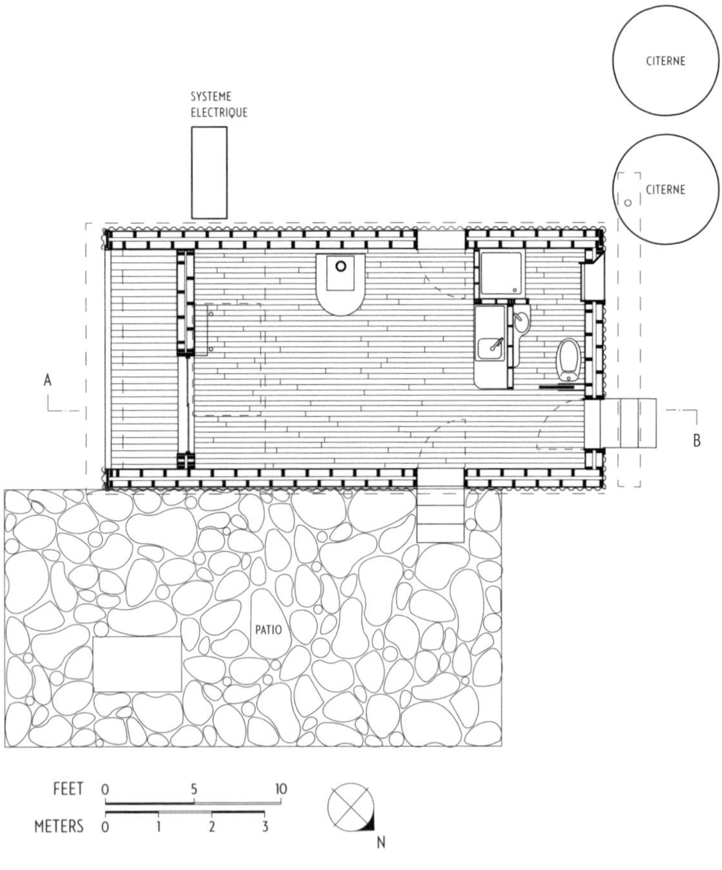

Plan, cabane écologique

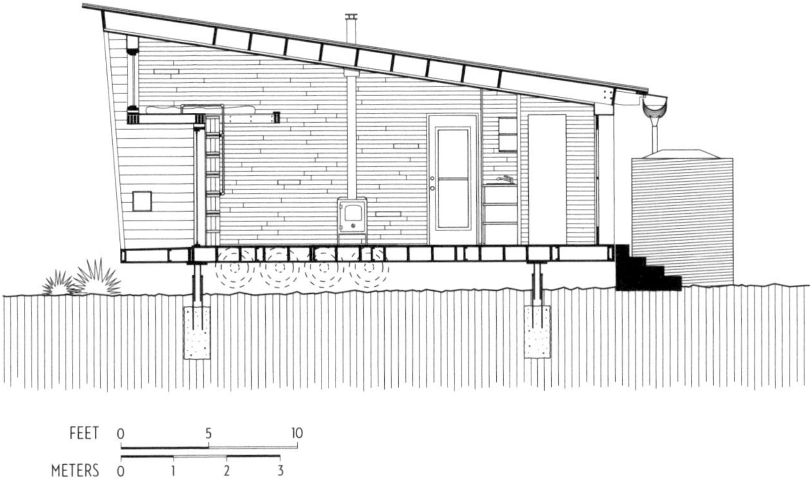

Coupe longitudinale A, orientée sud-ouest, cabaneécologique

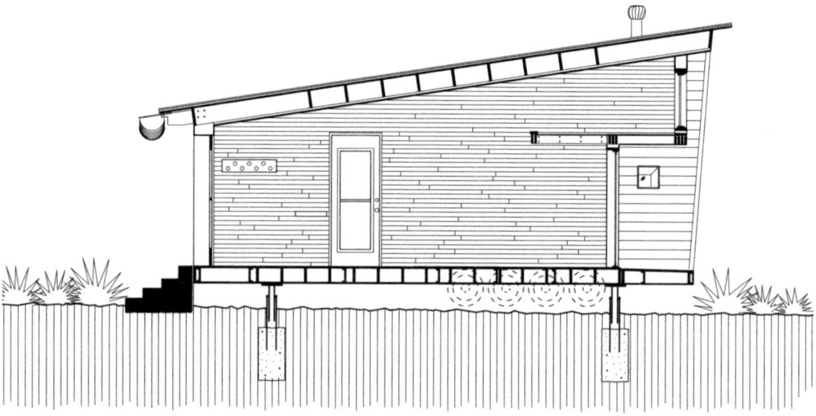

Coupe longitudinale B, orientée nord-est,
cabane écologique

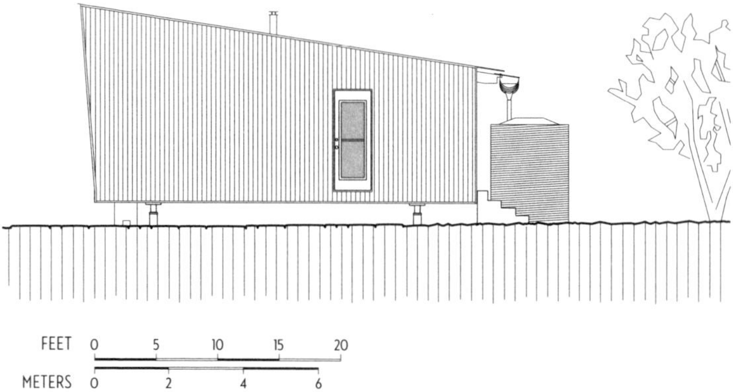

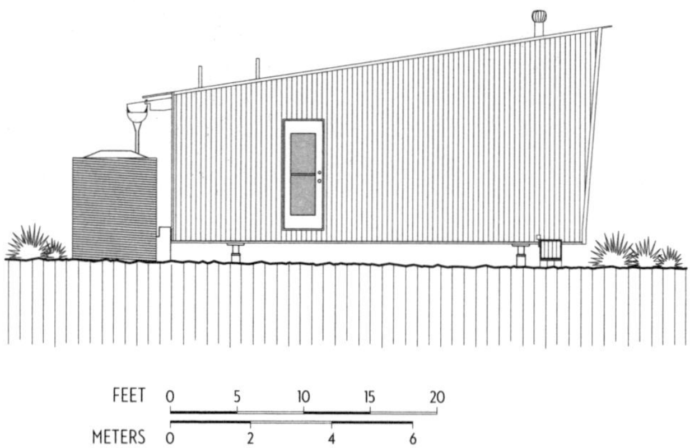

Façade nord-est, cabane écologique

Façade sud-ouest, cabane écologique

Etudiants de la Texas Tech University autour d'un feu de camp près de la cabane écologique

La cabane écologique au crépuscule

REMERCIEMENTS

Ce livre, comme toute œuvre architecturale, est une entreprise à la fois individuelle et collective. Sans le soutien et l'aide des personnes et organismes énumérés ci-dessous, ce livre n'aurait pas été possible.

Je suis reconnaissant au cabinet du Vice-Président au programme des bourses de recherche de l'Université Texas Tech et au concours de la faculté des arts créatifs, des lettres et des sciences sociales de la TTU, qui ont reconnu l'importance de ce livre et qui l'ont rendu possible par leur généreux soutien.

Je dois des remerciements particuliers à Arnaud Dercelles, Bénédicte Gandini, Michel Richard et Delphine Studer de la Fondation Le Corbusier et à Jeffery S. Cramer, de l'Institut Thoreau. Chacun d'entre vous avez pris le temps de répondre à mes questions et m'avez donné accès à vos archives respectives.

Je remercie l'historien Richard Smith pour sa prévenance lors de la visite de l'étang de Walden et ses idées sur l'époque et la vie de Thoreau.

Je suis reconnaissant à Stephanie Bunt, diplômée de l'Ecole d'Architecture de Texas Tech, qui passa d'innombrables heures à réaliser les dessins spécialement pour cet ouvrage.

Je dois beaucoup à Mingus Denny pour la retouche photographique, la composition du photomontage de la maison de Thoreau et l'assemblage des panoramas.

Un remerciement spécial à Clifton Ellis, qui ne s'est jamais lassé de lire et de corriger mon écriture hybride en Suiglais (suisse/anglais).

Je remercie Annette Gref et Katharina Kulke de Birkhäuser Bâle, pour la coordination et la supervision du livre et Julia Dawson pour la révision des textes anglais. Thomas Neeser et Thomas Müller de Neeser & Müller pour leur regard enthousiaste lors de la conception graphique de cet ouvrage.

Je suis reconnaissant d'avoir connu et travaillé avec un certain nombre de personnes qui ont généreusement donné de leur temps pour parler avec moi et m'aider, chacun avec leur expertise spécifique. Je remercie Kevin Brown, Hendrika Buelinckx, Robert V. Duncan, Taylor Eighmy, W.Mark Gunderson, Saif Haq, Christopher R. Hidalgo, Glenn Hill, Kathy Johnson, Michael A. Jones, Michael Martin, Paola Pellandini, Bob Perl, Bonnie Reed, Michael San Francisco, Ben Shacklette, Henry K. Sharp, Gary Smith, Andrew Vernooy et John White.

Enfin et surtout, un grand merci à ma famille, Carol et Lucas, à qui je dédie ce livre.

CREDITS ET PARTICIPATION, PROPRIETE INTELLECTUELLE ET NOTES

Photographies
Toutes les photographies ont été prises par l'auteur, sauf indication contraire.

P.5 : clichés panoramiques de l'auteur agencés par Denny Mingus.

P.28 : Detroit Publishing Company, Library of Congress
http://www.loc.gov/pictures/item/det1994020348/PP/

P.29 : Detroit Publishing Company, Library of Congress
http://www.loc.gov/pictures/item/det1994020349/PP/

Pp. 30-35 : photo de l'auteur, photomontage de Denny Mingus.

Pp. 36-37 133a : Walden Pond Survey, dessin de Henry David Thoreau, 1846. The Concord Free Public Library, Special Collections, Henry David Thoreau's Land and Property Survey's.

P. 53 : photographe inconnu, Le Corbusier, publié par Willy Boesiger, Verlag für Architektur, Artemis, Zurich, 1972, p.96. Photo également publiée dans : Eileen Gray, L'Etoile de Mer, Le Corbusier. Trois aventures en Méditerranée, archiBOOKS, Paris, 2013, p.80. Crédit photographique : Le Corbusier quittant Cap-Martin suivi de Robert Rebutato © F.L.C. / ADAGP, Paris 2013

P.54 : photographie de la Collection François Barberis, Montpellier, tirée de : Le Corbusier – The Measures of Man, ouvrage de Frédéric Migayrou et Olivier Cin0qualbre édité par Scheidegger & Spiess, 2015, p.215.

P.55 : photographe : Lucien Hervé.

Pp. 86, 89, 91, 92 : photographe : Denny Mingus.

Plans et dessins
Tous les plans et dessins ont été faits par Stephanie Bunt en collaboration avec l'auteur, sauf indication contraire.

Participation à la cabane écologique
Étudiants de la Texas Tech University ayant participé

Printemps 2008 : Deborah Bradshaw, Justin Mecklin

Eté 2008 : Piotr Chicinski, Michael Driskill, Cory Folsom, Brandon Pryor

Automne 2008 : Joshua Atkins, Sara Bradshaw, Nicholas Genzer, Amanda Glidewell, Ginger Kapalka, Sergio Lainez, Jenna Murphy, Jordan Mussett, Eric Ritchie, Chelsea Sekula, Daniel Takahashi, Douglas Zimmerman

Printemps 2009 : Cody Carriker, Michael Cast, Sean Cox, Joseph Engelhardt, Edgar Gallegos, Amanda Glidewell, Mckee Kelly, Ryan Kimberling, Lindsay Kunz, Bradley Latson, Aaron Marshall, Wesley McElhany, Kyle Meason, Kyle Robertson, John Simons, Warren Toups

Eté 2009 : Ian Britt, Stephanie Hanlon, Cherese Wheeler

Automne 2009 : Donovan Blakeley, Taylor Coleman, Crystal Davis, William Denman, Edmundo Fortuna, Justin Hackleman, Alex Kneer, Tyler Marks, Kory Murphy, Jonathan Pace, Lauren Rentschler, Kenneth Roberts, Andrew Stiglmeier, Andrew Tyler

Printemps 2010 : Gregory Hemmelgarn, Brendon Hoffman, Jonathan Lemaster, Christina Liebelt, Gilberto Lopez, Phillip Miller, Michael Morow, Kenneth Olson, Garik Rowe, Parker Sands, Amador Saucedo, Brian Wills, Austin Wilson

Automne 2010 : William Cotton, Ji Eom, Jason Fancher, Michael Franks, Joshua Krantz

Le corps professoral des universités et département suivants

Ecole d'architecture : Urs Peter Flückiger, architecte Diplômé SIA, professeur, Michael Martin, architecte, instructeur, Ben Shacklette, AIA, professeur associé

Ecole d'art visuels et art de la scène, école d'art : William Cannings, professeur associé, Carol Flueckiger, professeur associé

Ecole d'ingénieur, département de génie mécanique : Derrick Tate, professeur assistant

Personnel de la Texas Tech : Sam Beavers, Mark Bond, Denny Mingus, Fred Porteous, Julie Rex

Soutiens financiers de particuliers et d'entreprises : Bourse Texas Tech University pour l'enrichissement de la recherche. Fred Koch, Stacy Henry, et Jon Black, Pease River Foundation, Crowell, TX, F. Marie Hall, Midland, TX, John Dea, Dea Door et Window Co. Lubbock, TX, Mike Harendt, MBCI Metal Buildings, Houston, TX, Rex Neitsch, Isolation thermique, EcoBlue, Lubbock, TX, Larry Harvey AIA, Chapman Harvey Architects, Lubbock, TX, Lumber Liquidator, système de plancher, Amarillo, TX, Craig Shankster, cuisinière à bois haute efficacité énergétique, Morsø USA, Portland, TN, BioLet, système de toilette, Fresno, OH, Lowe's Home Improvement Center, Lubbock, TX, Encenex Corporation, système d'évent en toiture, Sugarland, TX, Cris Been, Therma Breeze, solutions solaires, Lubbock, TX

L'auteur

Urs Peter Flückiger exerce l'architecture à Lubbock, au Texas, et enseigne à la Texas Tech University où il est professeur d'architecture. Il a travaillé pour différents cabinets d'architecture en Suisse, dont celui de Mario Botta. Il a travaillé dans le bureau de David Rockwell à New York avant d'intégrer la Texas Tech University en 1998. Il est titulaire d'un master en architecture de la Virginia Tech (Institut polytechnique et Université d'État de Virginie) de Blacksburg, en Virginie. En matière de conception et de recherche il s'intéresse notamment au logement écologique économique, au minimalisme en architecture, au processus de conception et de construction ainsi qu'au modernisme du 20ème siècle à nos jours. En 2004, son épouse Carol et lui ont dessiné et construit leur maison et leur bureau actuels, qui reposent sur la philosophie du design de Flückiger. Son travail de conception a été publié dans le « The New York Times », le « Texas Architect Magazine », dans plusieurs ouvrages et de nombreux périodiques. Il est l'auteur de l'ouvrage intitulé « Donald Judd, Architecture in Marfa Texas ». Quand il ne s'occupe pas d'architecture ou de sa famille, il adore traverser les hautes plaines de l'ouest du Texas sur de vieilles motos BMW « airhead ».

Urs Peter Flückiger

Combien d'espace ?

Thoreau, Le Corbusier et la Cabane écologique

Traduction de l'anglais ARCHITEXT : Heidi Wecxsteen, Anne Kuhn
Coordination éditoriale : Annette Gref, Katharina Kulke
Révision : François Mortier
Production : Katja Jaeger
Conception graphique de la couverture : Neeser & Müller GmbH, visuelle Gestaltung, Bâle
Mise en page : Neeser & Müller GmbH, visuelle Gestaltung, Bâle
Caractère : Media77 de André Gürtler, Christian Mengelt & Erich Gschwind
Papier : 130g/m² Schleipen Fly weiß
Impression et reliure : DZA Druckerei zu Altenburg GmbH, Altenburg

Ce livre est aussi paru en version allemande (978-3-0356-1026-0) et anglaise (978-3-0356-1028-4)

Library of Congress Cataloging-in-Publication data
A CIP catalog record for this book has been applied for at the Library of Congress.

Information bibliographique de la Deutsche Nationalbibliothek
La Deutsche Nationalbibliothek a répertorié cette publication dans la Deutsche Nationalbibliografie ; les données bibliographiques détaillées peuvent être consultées sur Internet à l'adresse http://dnb.dnb.de.

Imprimé sur papier sans acide, composé de tissus cellulaires blanchis sans chlore. TCF ∞

Imprimé en Allemagne
ISBN : 978-3-0356-1029-1

Case postale 44, 4009 Bâle, Suisse
Membre de Walter de Gruyter GmbH, Berlin/Boston

9 8 7 6 5 4 3 2 1 www.birkhauser.com